LE SOMMAIRE DES 62 POSTERS

LES RÉSEAUX PROPOSÉS

LES RÉSEAUX GRAPHIQUES

Les empreintes
1 2 3 5 6 8 A B C D E

Les lignes continues
7 8 F

Les lignes verticales
9 10 11 12 13 14 G H I

Les lignes horizontales
15 16 17 18 19

Les quadrillages
20 21 22 23 J

Les points
24 25 26 27 28 K

Les traits
29 30 31

Les gestes circulaires continus
32 33 34 35

Les ronds
36 37 38 39 40 41 L M N O

Les échelles
42 43 44 45 46 56 P Q R S T

Les soleils
47 48 49

Les croix
50 51 52

Les combinaisons de motifs
54 55 56 P Q R

La motricité fine
57 58 59 60 61

LES RÉSEAUX THÉMATIQUES

Les mains
1 2 62 A B C D E

La neige
6 8 9 24

Les animaux
14 19 28

Les portraits d'artistes
4 12 15 25 45 53 61 62

LES RÉSEAUX ARTISTIQUES

Yves KLEIN
2 11 35 62

ARMAN
4 5 40 41 N O

Daniel BUREN
12 13 H I

Jean-Paul GAULTIER
15 16

Vassily KANDINSKY
18 31 37 53 54 55

L'ATLAS
21 22

Yayoi KUSAMA
25 26 27 K

Le groupe DE STIJL
29 30 52

Joan MIRÓ
45 46 P Q

Grotte des mains, Argentine (11000 à 7500 av.J.-C.)
Crédit photo © Aisa/Leemage

1 GROTTE DES MAINS

Cueva de Las Manos
Peinture rupestre
(entre 11000 et 7500 av. J.-C.)
Argentine, Santa Cruz

La *grotte des mains*, classée au patrimoine mondial de l'UNESCO, constitue un site archéologique d'art rupestre exécuté il y a 13000 à 9500 ans en Patagonie, dans la province de Santa Cruz, au sud de l'Argentine. On y trouve un grand nombre de mains, positives et négatives (impressions et pochoirs) faites avec une sorte de liant mélangé à des pigments minéraux naturels: oxydes de fer rouge et violet, kaolin blanc, natrojarosite jaune, oxyde de manganèse noir.

L'image en action

OBJECTIF Réaliser des empreintes négatives et positives.

- Étaler de la gouache avec un pinceau sur toute la surface d'une plaque en plastique ou en verre.
- Poser les deux mains sur la plaque en exerçant une pression.
- Appliquer alors une feuille blanche sur toute la plaque, lisser en appuyant d'un bord à l'autre de la feuille.
- Soulever la feuille et observer le résultat.
- Dans un second temps, comparer le résultat avec les empreintes positives faites en mouillant les mains dans la peinture.

Empreintes positives réalisées par un enfant de PS.

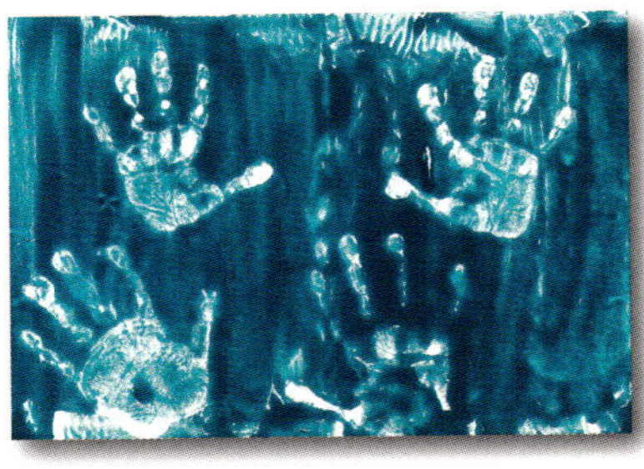

Empreintes négatives réalisées par un enfant de PS.

L'image en questions

OBJECTIF Percevoir la différence entre des empreintes négatives et positives.

- **Quelle est la nature de cette image?**
  C'est une photographie. Elle a été prise par un photographe. C'est une personne dont le métier consiste à prendre des photographies avec un appareil photo.
- **Que voit-on sur cette photographie?**
  On voit des empreintes de mains.
- **Sur quoi ont été peintes ces mains?**
  Elles ont été peintes sur de la roche, sur les parois d'une grotte.
- **De quelles couleurs sont ces mains?**
  Certaines sont blanches, d'autres sont de la couleur de la roche.
- **Comment ont été formées ces mains?**
  Les mains blanches sont dites *positives*. L'artiste les a peintes en appuyant contre la paroi sa main trempée dans la couleur. À l'inverse, les mains de la couleur de la roche sont dites *négatives*, elles ont été peintes avec la technique du pochoir: l'artiste a apposé sa main sur la paroi puis a soufflé dessus avec sa bouche un mélange coloré à base d'argile. Une fois la main enlevée, le contour de la main apparaît, à l'instar d'un négatif photographique.

Pratiques en lien PÉRIODE 1

Haut les mains! pages 14-15

Images en réseau

Réseau sur les empreintes.
Observer différentes empreintes
2 3 5 6 8 A B C D E

Réseau sur les mains.
Comparer avec d'autres empreintes de mains
2 62 A B C D E

Peinture de feu couleur sans titre, (FC21), 1960, Yves Klein © Yves Klein / ADAGP, Paris 2014
Crédit photo yveskleinarchives.org

Yves Klein (1928-1962)

2 PEINTURE DE FEU COULEUR SANS TITRE, (FC 21), 1960

Pigment pur et résine synthétique brûlés sur carton brûlé.
32 x 85 cm.

Yves Klein est un plasticien français, rattaché aux mouvements de *l'avant-garde picturale de l'après-guerre* et du *Nouveau réalisme*. Sa carrière artistique a été courte, puisqu'elle commence en 1954 et s'achève à sa mort en 1962. À partir de 1960, il réalise des *peintures de feu* : il utilise un gros lance-flammes, mis à disposition par le centre d'essais de Gaz de France, qui lui sert à réaliser des traces de feu sur un support. Il humidifie par endroits le support avec de l'eau pour créer des réserves, qu'il complète ensuite avec de la peinture. Dans l'œuvre au verso, il utilise cette technique en se servant de ses mains comme outil et d'une peinture de couleur bleue comme médium. Yves Klein dépose la formule du bleu qu'il a mise au point sous le nom *International Klein Blue (IKB)* et pour lequel il est célèbre.

L'image en action

OBJECTIF Réaliser une empreinte positive de sa main.

- Choisir une couleur de gouache, tremper sa main dedans et réaliser une empreinte sur une feuille.
- L'empreinte pourra être découpée et plastifiée. Une photographie de l'enfant ainsi que son prénom pourront être collés dessus.
- Ces productions seront utilisées comme étiquettes de présence.

Empreinte positive réalisée par un enfant de PS.

L'image en questions

OBJECTIF Identifier des empreintes de main dans une œuvre d'art.

- **Quelle est la nature de cette image ?**
  Il s'agit d'une reproduction d'une œuvre d'art réalisée par Yves Klein.
- **Qu'y voit-on ?**
  On y voit des empreintes de mains.
- **De quelle couleur sont ces empreintes ?**
  Elles sont bleues. Il s'agit du *International Klein Blue (IKB)*, un bleu inventé par l'artiste.
- **Quelle est la couleur du fond de cette œuvre ?**
  Le fond est marron, presque doré : c'est du carton qui a été brûlé. Yves Klein réalisait à cette période des « peintures de feu » pour lesquelles il brûlait dans un premier temps le support avant d'y ajouter de la peinture.
- **Comment l'artiste a-t-il fait pour obtenir ces empreintes ?**
  Pour obtenir ces empreintes, l'artiste a plongé ses mains dans la peinture puis les a posées sur le support. On appelle ces empreintes des empreintes positives.
- **Comment pourrait-on appeler cette œuvre ?**
  Les empreintes de mains, les mains bleues, feu et bleu...
  L'artiste n'a pas donné de titre à son œuvre mais elle fait partie d'une série d'œuvres appelées *Peintures de feu*.

Images en réseau

Réseau sur les empreintes.
Observer différentes empreintes
1 3 5 6 8 A B C D E

Réseau sur les mains.
Comparer avec d'autres empreintes de mains
1 62 A B C D E

Réseau sur Yves Klein.
Découvrir Yves Klein et plusieurs de ses œuvres
11 35 62

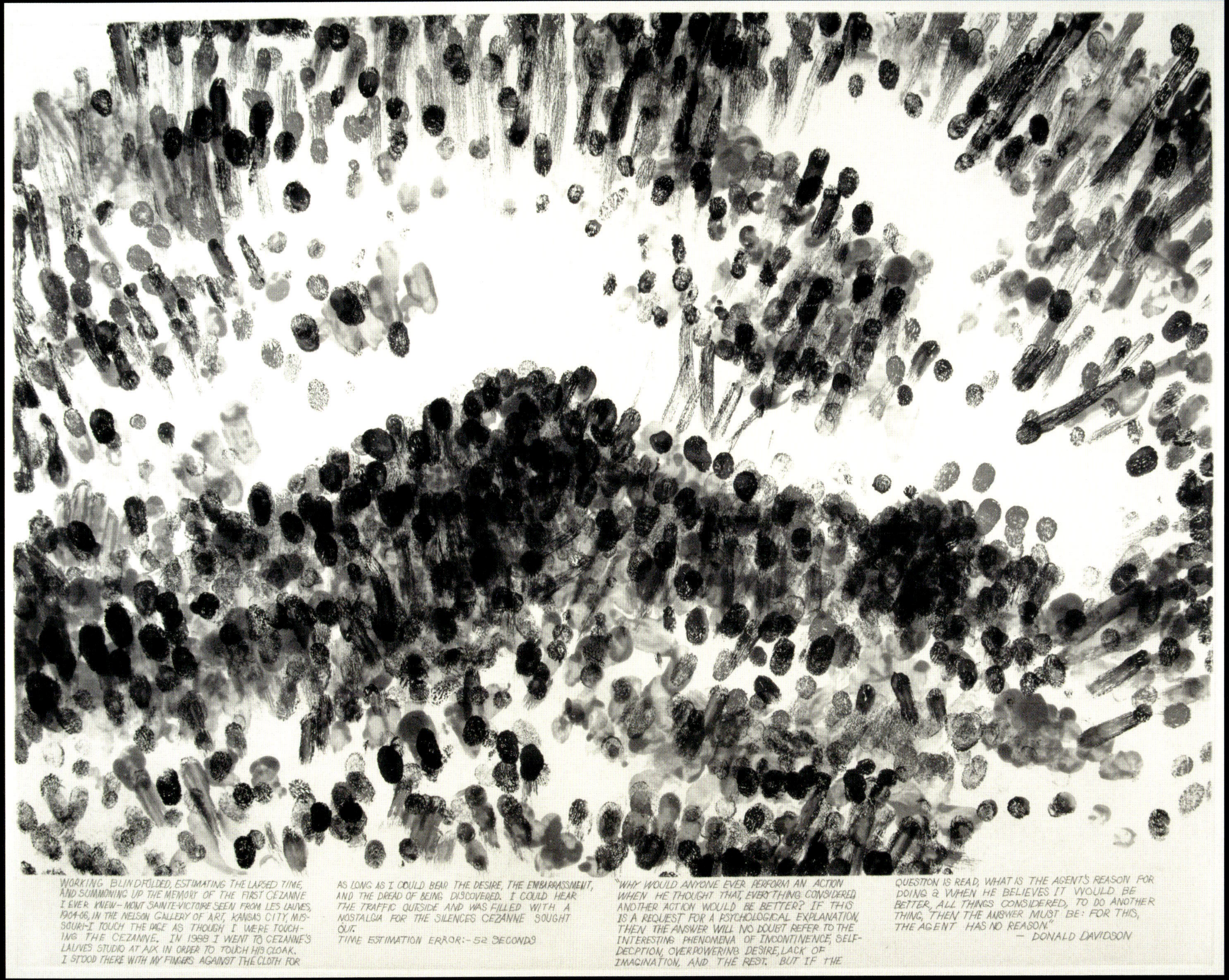

Blind Time VI (Temps aveugle VI) (1997) Morris Robert © ADAGP, Paris 2014
Crédit photo RMN-Grand Palais (musée du Louvre) / Michèle Bellot

Morris Robert (né en 1931)

3 TEMPS AVEUGLE *VI* (1997)

Blind time VI (1997).
Estampe. 50,4 x 65 cm.
Musée du Louvre, Paris.

Morris Robert est un artiste américain considéré comme l'un des principaux représentants du *minimalisme*. *Temps aveugle* est issu d'une série d'estampes exécutées à l'aveugle en temps limité. Lors de l'exécution de ces œuvres, Morris Robert a voulu se libérer du contrôle exercé par la raison en utilisant la vue pour laisser libre cours à l'action tactile et intuitive de ses mains recouvertes de graphite.

L'image en questions

OBJECTIF Décrire l'agencement des empreintes de doigts et l'action réalisée pour les obtenir.

- **Quelle est la nature de cette image ?**
  C'est une reproduction d'une estampe. L'estampe est le résultat de l'impression d'une gravure sur un support souple, tel que le papier.
- **Que voit-on sur cette image?**
  On voit des traces, des empreintes placées aléatoirement. C'est une œuvre abstraite, qui ne cherche pas à représenter quelque chose de concret.
- **Avec quelle partie du corps l'artiste a-t-il réalisé ces empreintes ?**
  Il les a réalisées avec ses doigts.
- **Quels mouvements a-t-il effectué pour réaliser ces empreintes ?**
  Il a posé ses doigts sur la feuille et les a glissés par endroits.
- **Comment sont réparties les empreintes ?**
  Elles sont réparties sur l'ensemble de la feuille, mais n'occupent pas tout l'espace : certaines zones restent blanches tandis que d'autres sont saturées.

L'image en action

OBJECTIF Réaliser des empreintes de doigts à l'aveugle.

- Réaliser des empreintes de doigts en ayant les yeux bandés, tout comme l'a fait l'artiste, pour se mettre dans sa peau.
- Amener les enfants à décrire leur ressenti, puis enlever le bandeau.
- Observer et comparer les résultats obtenus.

Empreintes positives réalisées par un enfant de PS.

Pratiques en lien PÉRIODE 1

Jusqu'au bout des doigts! pages 16-17

Images en réseau

Réseau sur les empreintes.

Observer différentes empreintes

1 2 5 6 8 A B C D E

Arman photographié avec son œuvre Olympus mécanique par Serge Guillemot (1982)

Armand Fernandez, dit Arman (1928-2005)

4 PORTRAIT D'ARMAN (1982)

Photographie couleur de Serge Guillemot

Arman est un artiste franco-américain renommé pour ses accumulations. Ce procédé consiste à empiler, entasser, multiplier des objets sur une surface ou dans un espace donné. Fils d'un propriétaire de magasin de mobilier et d'objets d'occasion, Arman centre son œuvre sur les objets, qu'il collectionne. L'artiste réalise des œuvres par séries : des *Cachets* (traces réalisées avec des tampons), des *Allures d'objets* (traces laissées sur la toile par des objets recouverts de peinture), des *Allures-Colères* (morceaux d'objets enduits d'encre fixés sur la toile), des *Poubelles* (exposition d'ordures ménagères), des *Coupes* (objets découpés et réagencés), des *Combustions* (objets brûlés), des *Plexiglas* (objets figés dans du plexiglas)... En 1960, il devient l'un des membres fondateurs du mouvement des *Nouveaux Réalistes*.

L'image en questions

OBJECTIF Découvrir un artiste qui utilise les objets dans son œuvre.

- **Quelle est la nature de cette image ?**
  C'est une photographie. Elle a été prise par un photographe. C'est une personne dont le métier consiste à prendre des photographies avec un appareil photo.
- **Que fait Arman sur cette image ?**
  Il est assis, face au photographe. Il pose.
- **Comment est-il habillé ?**
  Il est vêtu d'un bleu de travail. Il porte des gants en caoutchouc et des lunettes de protection.
- **Pourquoi Arman est-il habillé de cette façon ?**
  Le bleu de travail est un vêtement qui ne craint pas la saleté et permet donc de travailler sans avoir peur de se salir ou d'abîmer ses vêtements. Les gants protègent les mains des coupures, brûlures ou irritations. Les lunettes protègent les yeux en cas de projection, d'impact ou de poussières. Arman est donc habillé de manière à pouvoir manipuler et transformer des objets sans se blesser.
- **Que voit-on à côté de lui ?**
  On voit beaucoup de clés plates. Ce sont des outils de bricolage servant à serrer et desserrer des boulons et des écrous.
- **Comment ces clés tiennent-elles debout ?**
  C'est difficile à dire, mais on voit qu'elles sont fixées pour tenir ensemble. Peut-être sont-elles collées, ou clouées, ou encastrées les unes dans les autres ?
- **Que nous apprend cette photographie sur Arman ?**
  Elle nous montre que cet artiste assemble des objets.

L'image en action

OBJECTIF Adopter une posture d'artiste.

- Faire poser les enfants à côté d'une de leurs productions ou constructions.

Images en réseau

Réseau sur Arman.

Découvrir Arman et plusieurs de ses œuvres

5 40 41 N O

Réseau sur les portraits d'artistes.

Découvrir d'autres portraits d'artistes

12 15 25 45 53 61 62

Sans titre (1978) Arman © ADAGP, Paris 2014
Crédit photo Fondation Arman

Armand Fernandez, dit Arman (1928-2005)

5 EMPREINTES DE CLÉS À MOLETTE (1978)

Sans titre. Encre sur papier. 126 x 96 cm.

Cette œuvre d'Arman est issue de sa série *Allures d'objets*. À la fin des années 50, la femme d'Arman travaille avec Pierre Schaeffer, qui dirige le groupe de recherches musicales. Les membres du groupe utilisent à cette époque des objets dont ils enregistrent le son et qu'ils nomment *Allures d'objets*. Arman s'inspire de leurs expérimentations et leur emprunte le nom pour créer ses propres *Allures d'objets*. Pour les réaliser, il plonge un objet dans de l'encre et teste différentes façons d'en recueillir la trace, se servant ainsi de l'objet comme outil, à la place du traditionnel pinceau.

L'image en questions

OBJECTIF Identifier des empreintes d'objets dans une œuvre d'art.

- **Quelle est la nature de cette image ?**
  C'est une reproduction d'une peinture, réalisée par un peintre.
- **Que voit-on sur cette production ?**
  On voit des empreintes de clés à molette.
  Une clé à molette est un outil servant à assembler, serrer et desserrer des vis et des écrous.
- **De quelles couleurs sont ces empreintes ?**
  Elles sont noires et grises.
- **Comment ces empreintes ont-elles été réalisées ?**
  Une clé à molette a été trempée dans de l'encre, puis posée sur du papier à différentes endroits et à plusieurs reprises.
- **Comment sont disposées ces empreintes ?**
  Elles sont disposées l'une à côté de l'autre, sur cinq lignes. Certaines empreintes se touchent, d'autres se chevauchent.
- **En quoi ces empreintes sont-elles différentes ? Comment peut-on l'expliquer ?**
  Certaines empreintes sont plus foncées que d'autres : elles ont été réalisées avec une plus grande quantité d'encre. Cela s'explique par le fait qu'Arman a utilisé la clé à molette plusieurs fois d'affilée, sans la tremper dans l'encre à chaque reprise. Il est probable que l'artiste ait utilisé deux encres de couleurs différentes : une noire et une grise.

L'image en action

OBJECTIFS Réaliser des empreintes d'objets.
Associer un objet à sa trace.

- Sélectionner des objets de la classe puis réaliser des empreintes en peinture sur l'ensemble de la feuille avec le même objet, à la manière d'Arman. Placer une serviette éponge sous la feuille afin de réaliser plus facilement les empreintes.
- Ces empreintes pourront servir à la réalisation d'un imagier du matériel de la classe, en collant à côté de chaque production l'objet qui correspond aux empreintes (ciseaux, pinceaux, feutres, clipos, légos, planchettes en bois..)

Empreintes réalisées par des enfants de GS.

Pratiques en lien PÉRIODE 1

Empreintes d'objets pages 18-19 **et Le livre des traces** pages 20-21

Images en réseau

Réseau sur les empreintes.
Observer différentes empreintes
1 2 3 6 8 A B C D E

Réseau sur Arman.
Découvrir Arman et plusieurs de ses œuvres
4 40 41 N O

Empreintes dans la neige (2014) Cihan Serdaroglu © ACCÈS Éditions

Cihan Cerdaroglu (né en 1956)

6 EMPREINTES DANS LA NEIGE (2014)

Photographie couleur.

Les journées de neige sont extrêmement riches pour des élèves de maternelle. Elles sont l'occasion d'observer la neige qui tombe, mais aussi de toucher (et parfois goûter!) cette matière blanche qu'ils découvrent avec délice. Laisser des empreintes dans la neige sera un grand plaisir pour les enfants. Il ne faudra pas hésiter à leur proposer de faire des traces avec différentes parties de leurs corps et différents objets ou à organiser un jeu consistant à retrouver quel est l'auteur d'une trace.

L'image en questions

OBJECTIF Identifier l'auteur d'une empreinte.

- **Quelle est la nature de cette image ?**
  C'est une photographie en couleur. Elle a été prise par un photographe. C'est une personne dont le métier consiste à prendre des photographies avec un appareil photo.
- **Que voit-on sur cette photographie ?**
  On voit différentes empreintes dans la neige.
- **Qui a laissé ces empreintes ?**
  Il y a des empreintes de pas laissées par un humain avec des chaussures et par un oiseau, ainsi que des traces de pneus, faites par une voiture.
- **Vers où se dirigent les empreintes ?**
  Elles sortent du cadre de l'image. Le photographe a fait le choix de ne photographier que certaines empreintes, alors qu'il y en avait beaucoup plus. Photographier, c'est choisir de ne montrer qu'une partie de ce que l'on voit.

L'image en action

OBJECTIF Observer et décrire des traces laissées dans la neige.

- Observer la cour et les alentours de l'école un jour de neige.
- Émettre des hypothèses sur l'origine des différentes traces.
- Observer ses propres traces dans la neige.
- Comparer les empreintes de pas laissées par les élèves.

Pratiques en lien PÉRIODE 1

Sur les traces de maman pages 24-25

Images en réseau

Réseau sur les empreintes.
Observer différentes empreintes
1 2 3 5 8 A B C D E

Réseau sur la neige.
Observer plusieurs images de neige
8 9 24

Jeu

À chaque animal son empreinte !
Ce jeu consiste à placer chaque animal au bout de son chemin d'empreintes.

Échangeur entre les autoroutes 105 à 110 © Yann Arthus-Bertrand
Crédit photo ALTITUDE

Yann Arthus-Bertrand (né en 1946)

7 ÉCHANGEUR ENTRE LES AUTOROUTES 105 ET 110 (1998)

La terre vue du ciel
Photographie couleur.
Los Angeles, États-Unis.

Yann Arthus-Bertrand est un photographe, reporter et réalisateur français qui s'intéresse à la relation entre les espaces naturels et l'homme et à son impact sur l'environnement. Également pilote de montgolfière, il découvre la photographie aérienne et, à l'occasion de la première conférence de Rio en 1992, décide de se lancer dans un grand projet photographique sur l'état du monde et de ses habitants : c'est *La Terre vue du ciel*, son livre au succès international dont est extraite la photographie au verso.

L'image en questions

OBJECTIF Observer des lignes continues.

- **Quelle est la nature de cette image ?**
  C'est une photographie en couleur. Elle a été prise par un photographe. C'est une personne dont le métier consiste à prendre des photographies avec un appareil photo.
- **Que voit-on sur cette photographie ?**
  On voit des routes sur lesquelles circulent des voitures. Ces routes ont plusieurs voies, ce sont des autoroutes.
- **D'où a été prise cette photographie ?**
  Elle a été prise d'en haut. Le photographe se trouvait dans un véhicule volant, certainement une montgolfière ou peut-être un hélicoptère.
- **Quelles formes prennent ces routes ?**
  Certaines forment des lignes droites, d'autres des lignes courbes. L'une forme une boucle.
- **Ces routes s'arrêtent-elles au bord de la photographie ?**
  Non, elles continuent. On ne voit pas leur prolongement uniquement parce qu'il est coupé par le cadre de l'appareil photo. Elles forment des lignes continues, qui ne s'arrêtent pas.

L'image en action

OBJECTIFS Tracer des lignes continues.
Suivre une ligne continue avec un objet.

- Réaliser collectivement un tapis de voitures de grande taille avec de la peinture et de l'encre.
- Tracer les routes avec un rouleau et de la gouache grise.
- Réaliser la végétation autour avec une éponge et de la gouache verte. Réaliser des champs en grattant de la gouache jaune et marron avec une fourchette.
- Cette production pourra être plastifiée avec du papier plastique autocollant. Elle pourra servir de tapis pour jouer avec les petites voitures de la classe.

Production réalisée par des enfants de MS.

Pratiques en lien PÉRIODE 2

Les routes pages 32-33

Images en réseau

Réseau sur les lignes continues.

Comparer des images de routes

8 F

Jeu

Suis ta route.

Ce jeu consiste à suivre une route avec une voiture à l'aide de la souris.

Traces de pneus dans la neige (2014) Ève Schneider © ACCÈS Éditions

Ève Schneider (née en 1989)

8 TRACES DE PNEUS DANS LA NEIGE (2014)

Photographie noir et blanc.

Les jours de neige, chaque objet ou chaque être qui se déplace sur le sol marque la neige de son empreinte. Alors qu'habituellement les voitures se croisent sans laisser de traces, un tapis de neige permet de garder la mémoire de leurs passages pour un court instant.

L'image en questions

OBJECTIF Observer des lignes continues.

- **Quelle est la nature de cette image ?**
  C'est une photographie en noir et blanc : les seules couleurs présentes sur cette image sont le noir, le blanc et différentes nuances de gris. Elle a été prise par un photographe. C'est une personne dont le métier consiste à prendre des photographies avec un appareil photo.
- **Que voit-on sur cette photographie ?**
  On voit des traces de pneus dans la neige.
- **Qui a laissé ces traces ?**
  Ces traces ont été faites par des voitures.
- **Quel mouvement suivent ces traces ?**
  La plupart de ces traces forment des lignes courbes. Les voitures étaient en train de tourner quand elles ont laissé ces traces : elles se trouvaient dans un virage. D'autres traces suivent une direction différente ; elles viennent croiser les lignes courbes. On peut imaginer que la photographie a été prise au niveau d'un croisement.
- **Ces traces s'arrêtent-elles au bord de la photographie ?**
  Non, elles continuent. On ne voit pas leur prolongement uniquement parce qu'il est coupé par le cadre de l'appareil photo. Ces traces forment des lignes continues, qui ne s'arrêtent pas.

L'image en action

OBJECTIF Réaliser des lignes continues.

- Remplir une feuille A4 grise de peinture blanche. Rouler d'un bout à l'autre de la feuille avec une petite voiture.
- Pour aller vite et éviter que la peinture ne sèche, la placer directement sur la feuille à l'aide du tube et demander aux élèves de l'étaler avec un gros pinceau.

Productions réalisées par des enfants de MS.

Pratiques en lien PÉRIODE 2

Ça roule ! pages 36-37

Images en réseau

Réseau sur les lignes continues.

Comparer des images de routes

7 F

Réseau sur les empreintes.

Observer différentes empreintes

1 2 3 5 6 A B C D E

Réseau sur la neige.

Observer plusieurs images de neige

6 9 24

Arbres sous la neige (2014) Cihan Serdaroglu © ACCÈS Éditions

Cihan Cerdaroglu (né en 1956)

9 ARBRES SOUS LA NEIGE (2014)

Photographie noir et blanc.

Les arbres s'élèvent de leurs racines jusqu'au bout de leurs branches. Avec ce mouvement vers le haut, ils sont le symbole de la verticalité. Ils peuvent être le point de départ de beaucoup d'activités permettant de travailler cette notion de verticalité.

L'image en questions

OBJECTIF Percevoir la verticalité.

- **Quelle est la nature de cette image ?**
  C'est une photographie en noir et blanc : les seules couleurs présentes sur cette image sont le noir, le blanc et différentes nuances de gris. Elle a été prise par un photographe. C'est une personne dont le métier consiste à prendre des photographies avec un appareil photo.

- **Qu'y voit-on ?**
  On y voit des arbres recouverts de neige. Ces arbres se composent d'un tronc et de branches. Ils n'ont pas de feuilles : ils les ont perdues car les arbres perdent leurs feuilles en hiver. Sur la gauche de l'image, à l'arrière-plan, on voit des sapins qui, eux, ont des épines qu'ils ne perdent pas en hiver.

- **Que forment ces troncs d'arbre ?**
  Ils suivent une ligne continue qui va de bas en haut sur l'image. Ils forment ce que l'on appelle des *lignes verticales*.

- **Ces troncs s'arrêtent-ils au bord de la photographie ?**
  Non, ils continuent. On ne voit pas leur prolongement uniquement parce qu'il est coupé par le cadre de l'appareil photo.

L'image en action

OBJECTIFS Réaliser une forêt en automne.
Coller des bandes verticalement.

- Réaliser un fond avec de l'encre verte.
- Coller verticalement des bandes de couleurs marron : cartons, kraft, papier...
- Réaliser un feuillage d'automne avec de la peinture et une éponge. Cette activité peut se décliner pour toutes les saisons en variant les couleurs.

Productions réalisées par des enfants de PS.

Pratiques en lien PÉRIODE 2

Debout ! pages 38-39

Images en réseau

Réseau sur les lignes verticales.
Observer des lignes verticales
10 11 12 13 14 G H I

Réseau sur la neige.
Observer plusieurs images de neige
6 8 24

Radiateur (2014) Cihan Serdaroglu © ACCÈS Éditions

Cihan Cerdaroglu (né en 1956)

10 RADIATEUR (2014)

Photographie couleur.

Beaucoup d'objets du quotidien présentent des libres verticales. Il est intéressant de les recenser avec les élèves pour leur faire prendre conscience de la réalité de cette notion quelque peu abstraite pour eux au départ. Les radiateurs font partie de ces objets du quotidien que l'on peut observer pour faire émerger cette notion.

L'image en questions

OBJECTIF Percevoir la verticalité dans un objet de la vie quotidienne.

- **Quelle est la nature de cette image ?**
  C'est une photographie en couleur. Elle a été prise par un photographe. C'est une personne dont le métier consiste à prendre des photographies avec un appareil photo.

- **Que voit-on sur cette image ?**
  On voit un radiateur blanc devant un mur blanc, sous une fenêtre et posé sur un parquet marron.

- **À quoi sert un radiateur ?**
  Il sert à chauffer les pièces d'une maison ou d'un appartement. De l'eau chaude circule dans les tuyaux. Elle arrive par le gros tuyau du haut et ressort par le gros tuyau du bas. Cela produit du chauffage. On peut régler la quantité d'eau chaude qui circule, et donc la température, en ouvrant plus ou moins le robinet situé sur le gros tuyau.

- **Comment appelle-t-on le petit objet qui est accroché sur le radiateur ? À quoi sert-il ?**
  C'est un thermomètre. Il sert à mesurer la température de l'endroit où il se trouve.

- **Quelle forme suivent les tuyaux ?**
  Ils suivent une ligne continue qui va du haut en bas du radiateur. Ils forment des *lignes verticales*.

L'image en action

OBJECTIF Trouver des lignes verticales dans son environnement.

- Faire le tour de la classe, de l'école, de la cour en recherchant des lignes verticales. Les photographier et les exposer dans la classe.

Les poteaux de la cour.

Le portail de l'école.

Le tapis de la classe.

Les crayons de couleur.

Images en réseau

Réseau sur les lignes verticales.

Observer des lignes verticales

9 11 12 13 14 G H I

Jeu

La chasse aux lignes !

Ce jeu consiste à retrouver tous les objets contenant des lignes verticales dans une pièce.

Peinture de feu couleur sans titre (FC5), 1961, Yves Klein
Crédit photo Banque d'Images de L'ADAGP

Yves Klein (1928-1962)

11 PEINTURE DE FEU COULEUR SANS TITRE, (FC5), 1961

Pigment pur et résine synthétique brûlés sur carton. 116 x 89 cm.
Collection privée.

Yves Klein est un plasticien français, rattaché aux mouvements de *l'avant-garde picturale de l'après-guerre* et du *Nouveau réalisme*. Sa carrière artistique a été courte, puisqu'elle commence en 1954 et s'achève à sa mort en 1962. À partir de 1960, il réalise des *peintures de feu* : il utilise un gros lance-flammes, mis à disposition par le centre d'essais de Gaz de France, qui lui sert à réaliser des traces de feu sur un support. Il humidifie par endroits le support avec de l'eau pour créer des réserves, qu'il complète ensuite avec de la peinture. C'est la technique utilisée pour l'œuvre au verso.

L'image en questions

OBJECTIF Identifier des coulures dans une œuvre d'art.

- **Quelle est la nature de cette image ?**
  Il s'agit d'une reproduction d'une œuvre d'art réalisée par Yves Klein.
- **Qu'y voit-on ?**
  On y voit des taches de peinture de différentes tailles et de deux couleurs : noir et rose.
- **Que voit-on sous chaque tache ?**
  En-dessous de chaque tache, il y a des coulures, comme si la peinture avait coulé.
- **Comment l'artiste a-t-il fait pour obtenir des coulures ?**
  Pour obtenir des coulures, il fallait que le support soit placé debout, à la verticale. Il fallait également que l'artiste utilise une grosse quantité de peinture ou une peinture très liquide.
- **Quelle direction prennent les coulures ?**
  Les coulures vont du haut vers le bas. Si l'on tourne la reproduction, on voit bien que l'œuvre est à l'envers, car les couleurs sont toujours verticales et vont toujours de haut en bas.
- **Quelle est la couleur du fond de cette œuvre ?**
  Le fond est beige, légèrement marron, comme s'il avait été brûlé. C'est le cas, puisque Yves Klein réalisait à cette période des *peintures de feu* pour lesquelles il brûlait dans un premier temps le support avant d'y ajouter de la peinture.

L'image en action

OBJECTIF Réaliser des coulures.

- Sur un plan vertical, tracer des lignes horizontales avec de la gouache très liquide sans essuyer son pinceau en commençant en bas de la feuille. Alterner deux couleurs.
- Comparer le résultat obtenu avec celui de l'artiste.

Productions réalisées par des enfants de GS.

Pratiques en lien PÉRIODE 2

Attention ça coule ! pages 40-41

Image en réseau

Réseau sur les lignes verticales.
Observer des lignes verticales
9 10 12 13 14 G H I

Réseau sur Yves Klein.
Découvrir Yves Klein et plusieurs de ses œuvres
2 35 62

Daniel Buren photographié par Graziano Arici (1990) © DB / ADAGP, Paris 2014
Crédit photo Graziano Arici / Leemage

Daniel Buren (né en 1938)

12 PORTRAIT DE DANIEL BUREN (1990)

Photographie couleur de Graziano Arici

Daniel Buren est un artiste français. Il est l'inventeur du *travail in situ* : ses œuvres sont conçues pour un lieu donné et détruites une fois l'installation terminée. Ses installations permettent aux spectateurs de découvrir ou de redécouvrir un lieu. C'est en modifiant ce lieu radicalement grâce à l'alternance de lignes verticales que Daniel Buren met en lumière ses particularités et interroge ainsi les spectateurs.

L'image en questions

OBJECTIF Découvrir un artiste qui utilise les lignes verticales dans son œuvre.

- **Quelle est la nature de cette image ?**
  C'est une photographie en couleur. Elle a été prise par un photographe. C'est une personne dont le métier consiste à prendre des photographies avec un appareil photo.
- **À quel endroit Daniel Buren s'est-il fait photographier ?**
  Il s'est fait photographier devant l'une de ses œuvres.
- **Que voit-on derrière Daniel Buren ?**
  On voit des lignes verticales blanches et noires.
- **Que peut-on dire de la posture de Daniel Buren ?**
  Il est debout, comme les lignes verticales devant lesquelles il se tient. Il est face à l'appareil du photographe, il pose.
- **Comment Daniel Buren est-il habillé ?**
  Daniel Buren porte un pantalon blanc, un gilet noir, une chemise et une veste blanches. Ses habits sont noirs et blancs, comme les lignes qu'il a créées. Il est assorti à son œuvre.

L'image en action

OBJECTIF Adopter une posture d'artiste.

- Faire poser les enfants devant l'une de leur production.

Images en réseau

Réseau sur les lignes verticales.
Observer des lignes verticales
9 10 11 13 14 G H I

Réseau sur Daniel Buren.
Découvrir Daniel Buren et plusieurs de ses œuvres
13 H I

Réseau sur les portraits d'artistes.
Découvrir d'autres portraits d'artistes
4 15 25 45 53 61 62

Colonnes de Buren (1986) Palais Royal, Paris (2000) © DB / ADAGP, Paris 2014
Crédit photo akg-images / Catherine Bibollet

Daniel Buren (né en 1938)

13 COLONNES DE BUREN (1986)

Photographie couleur de Catherine Bibollet
Cour d'honneur du Palais-Royal, Paris.

Les deux plateaux, ou *colonnes de Buren*, est une œuvre de **Daniel Buren** installée dans la cour d'honneur du Palais-Royal à Paris. Elles ont été commandées en 1986, sous la présidence de François Mitterrand, par le ministre de la culture de l'époque, Jack Lang. Il s'agit de colonnes en marbre, rayées blanc et noir et disposées selon une trame. Les plus petites sortent à peine du sol tandis que les plus grandes mesurent trois mètres de hauteur.

L'image en questions

OBJECTIF Identifier des lignes verticales dans une œuvre d'art.

- **Quelle est la nature de cette image ?**
  C'est une photographie en couleur. Elle a été prise par un photographe. C'est une personne dont le métier consiste à prendre des photographies avec un appareil photo.
- **Que voit-on sur cette photographie ?**
  On voit des colonnes de différentes tailles entourées de bâtiments.
- **Que voit-on sur ces colonnes ?**
  On voit des lignes verticales blanches et noires qui sont espacées de manière régulière.
- **Comment sont-elles disposées ?**
  Elles sont disposées chacune au centre d'une case.
  Ces cases sont toutes alignées de manière à former un quadrillage.

L'image en action

OBJECTIF Tracer des lignes verticales sur un support en volume.

- Peindre des rouleaux en carton de différentes tailles (rouleaux de papier toilette, d'essuie-tout, de ruban adhésif, de papier cadeau…) avec un pinceau brosse en utilisant une couleur.
- Tracer des lignes verticales à l'aide d'un pinceau fin avec de la peinture noire.
- Réaliser ainsi plusieurs colonnes qui seront ensuite collées sur un support horizontal (morceau de carton) pour obtenir une production collective en volume.

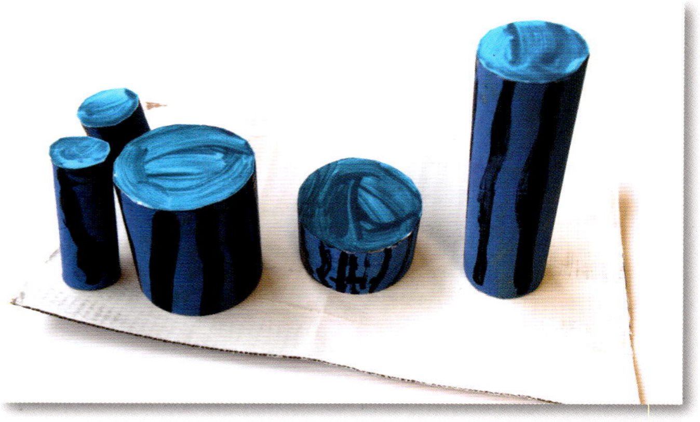

Productions réalisées par des enfants de MS.

Images en réseau

Réseau sur les lignes verticales.
Observer des lignes verticales
9 10 11 12 14 G H I

Réseau sur Daniel Buren.
Découvrir Daniel Buren et plusieurs de ses œuvres
12 H I

Jeu

Les colonnes à décorer.
Ce jeu consiste à placer des lignes noires sur des colonnes blanches en fonction de leur taille.

14 ANIMAUX À RAYURES VERTICALES

Photographies couleur

Certains animaux arborent des rayures sur leur pelage ou leur peau. Dans la plupart des cas, c'est une caractéristique qui permet aux animaux de se camoufler, de mieux se cacher pour surprendre leur proie ou de facilement disparaître pour échapper à un prédateur. Ici, nous avons choisi quatre animaux dont le pelage est orné de lignes verticales : le tigre, le gnou et le koudou, mâle et femelle.

L'image en questions

OBJECTIF Identifier des lignes verticales sur le pelage d'un animal.

- **Quelle est la nature de ces images ?**
Il s'agit de quatre photographies en couleur. Elles ont été prises par un photographe. C'est une personne dont le métier consiste à prendre des photographies avec un appareil photo.

- **Que voit-on sur ces photographies ?**
On voit quatre animaux : un tigre, un gnou, et deux koudous, l'un mâle, l'autre femelle. Les gnous et les koudous sont des herbivores vivant en Afrique. Le mâle koudou porte de grandes cornes, tandis que la femelle n'en porte pas. Le tigre est un carnivore vivant en Asie, majoritairement en Inde.

- **Quel est le point commun entre le pelage de ces animaux ?**
Leurs pelages comportent tous des rayures verticales. Le pelage du tigre est orange avec des rayures noires. Celui du gnou est gris-brun, avec des rayures marron foncé, tandis que celui des koudous est gris-brun avec des rayures blanches.

L'image en action

OBJECTIF Tracer des lignes verticales.

- Remplir une feuille de morceaux de papier déchirés d'une même couleur ou de couleurs proches.
- Tracer dessus des lignes verticales avec de la peinture acrylique et un pinceau.
- Un animal imaginaire sera découpé sur ce support.

Productions réalisées par des enfants de GS.

Images en réseau

Réseau sur les lignes verticales.
Observer des lignes verticales
9 10 11 12 13 G H I

Réseau sur les animaux.
Comparer avec d'autres animaux
19 28

Jeu

Mon animal fantastique.
Ce jeu consiste à décorer un animal avec des rayures à l'aide de la souris.

Jean-Paul Gaultier photographié par Laurent Van Der Stockt © Laurent VAN DER STOCKT / Gamma Rapho
Crédit photo Gamma Rapho

Jean-Paul Gaultier (né en 1952)

15 PORTRAIT DE JEAN-PAUL GAULTIER (1999)

Photographie noir et blanc
de Laurent Van der Stockt (né en 1964)

Jean-Paul Gaultier est un créateur de parfums, styliste et grand couturier français. C'est lors de sa première collection homme Toy Boy en 1983 qu'apparaît pour la première fois la *marinière*, vêtement à manches longues en coton à rayures horizontales bleues et blanches. Depuis, Jean-Paul Gaultier a fait des rayures l'une de ses marques de fabrique.

L'image en questions

OBJECTIF Découvrir un artiste qui utilise les lignes horizontales dans son œuvre.

- **Quelle est la nature de cette image ?**
  C'est une photographie en noir et blanc : les seules couleurs présentes sur cette image sont le noir, le blanc et différentes nuances de gris. Elle a été prise par un photographe. C'est une personne dont le métier consiste à prendre des photographies avec un appareil photo.

- **Combien y a-t-il de personnes sur cette photographie ?**
  Il y a deux personnes, un homme et une femme.

- **Que font ces deux personnes ?**
  L'homme est en train d'aider la femme à se préparer. L'homme est un grand couturier : il crée des vêtements de Haute couture, qui seront portés par des mannequins lors d'un défilé. La femme est un mannequin. Son métier consiste à présenter les vêtements créés par les grands couturiers en marchant sur un podium lors de défilés de mode.

- **Où sont-ils ?**
  Ils sont probablement dans les coulisses d'un défilé de mode. C'est l'endroit où se préparent les mannequins avant de défiler : elles s'habillent, se coiffent, se maquillent et se préparent mentalement. À l'arrière-plan, on voit des vêtements suspendus sur des cintres. Ce sont certainement les vêtements des autres mannequins.

- **Comment Jean-Paul Gaultier est-il habillé ?**
  Il porte un pantalon noir et un haut à manches longues rayé horizontalement. On appelle ce genre de haut *une marinière*. C'est le vêtement *préféré* de Jean-Paul Gaultier, qui en porte très souvent et crée énormément de vêtements comportant des rayures horizontales.

L'image en action

OBJECTIF Identifier des lignes horizontales sur des vêtements.

- Rechercher des vêtements rayés dans des catalogues et les découper. Créer ainsi une garde robe rayée.

Production réalisée par des enfants de GS.

Pratiques en lien PÉRIODE 2

Les rayures pages 42-43

Images en réseau

Réseau sur les lignes horizontales.
Observer des lignes horizontales
16 17 18 19

Réseau sur Jean-Paul Gaultier.
Observer une création de Jean-Paul Gaultier
16

Réseau sur les portraits d'artistes.
Découvrir d'autres portraits d'artistes
4 12 25 45 53 61 62

Robe fourreau marinière. Défilé de mode Jean-Paul Gaultier 2011
Crédit photo © 2014 Pixelformula

Jean-Paul Gaultier (né en 1952)

16 ROBE FOURREAU MARINIÈRE (2011)

Photographie couleur.

La robe au verso est l'une des créations du grand couturier **Jean-Paul Gaultier**. Elle a été conçue pour le défilé Printemps-été 2011. Cette robe est faite d'une alternance de lignes horizontales blanches et noires superposées. Avec cette création, le grand couturier revisite une fois de plus la marinière, vêtement qui est devenu son emblème et sa marque de fabrique.

L'image en questions

OBJECTIFS Découvrir une création de Jean-Paul Gaultier.
Identifier des lignes horizontales dans un vêtement.

- **Quelle est la nature de cette image ?**
  C'est une photographie en couleur. Elle a été prise par un photographe. C'est une personne dont le métier consiste à prendre des photographies avec un appareil photo.
- **Quand a été prise cette photographie ?**
  Elle a été prise lors d'un défilé de mode : c'est un spectacle qui consiste à présenter des vêtements et des accessoires de mode créés par un grand couturier.
- **Comment appelle-t-on la personne présente sur cette photographie ?**
  Il s'agit d'un mannequin : c'est une personne dont le métier consiste à présenter les vêtements créés par les grands couturiers en marchant sur un podium lors de défilés de mode.
- **Quel vêtement porte le mannequin ?**
  Elle porte une robe à manches longues.
- **Comment est cette robe ?**
  Cette robe est constituée de lignes horizontales noires et blanches.

L'image en action

OBJECTIF Tracer des lignes horizontales.

- Imaginer les mannequins d'un défilé de Jean-Paul Gaultier autour des lignes horizontales.
- Dessiner les mannequins sur une feuille blanche à l'aide de feutres.

Productions réalisées par des enfants de MS.

Pratiques en lien PÉRIODE 2

Garde-robe à rayures pages 46-47

Image en réseau

Réseau sur les lignes horizontales.

Observer des lignes horizontales

15 17 18 19

Réseau sur Jean-Paul Gaultier

Observer une création de Jean-Paul Gaultier

15

Jeu

Le défilé de Jean-Gaul Paultier.

Les élèves doivent retrouver les mannequins qui portent des vêtements avec des rayures horizontales.

J'AI DE PLUS EN PLUS FAIM!
TU N'AS QU'À MANGER CET IMBÉCILE DE CHIEN QUI NOUS SUIT DEPUIS QUELQUES MINUTES...

Morris (né en 1923) et Goscinny (1926-1977)
Martin Handford (né en 1956)

17 PERSONNAGES À RAYURES HORIZONTALES

Bande dessinée *Lucky Luke.*
Sur la piste des Dalton - Éditions Dupuis

Livre-jeu *Où est Charlie ?* - *Éditions Gründ*

Certains personnages célèbres se reconnaissent à leur garde-robe. Les vêtements rayés sont l'apanage de plusieurs personnages connus. C'est le cas notamment du personnage principal du célèbre livre-jeu *Où est Charlie ?* créé par l'illustrateur britannique **Martin Handford** en 1987, dont le pull et le bonnet sont rayés horizontalement de rouge et de blanc. Il existe désormais une dizaine de livres-jeux *Où est Charlie ?* ainsi qu'une série animée créée pour la télévision. Les personnages des *Dalton*, souvent intégralement habillés d'un uniforme de prisonnier rayé de jaune et de noir, sont des personnages récurrents de la bande dessinée *Lucky Luke*. Créée par le dessinateur belge Maurice de Bevere, dit **Morris**, cette série a été scénarisée à partir de la dix-neuvième histoire par **René Goscinny**.

L'image en questions

OBJECTIF Découvrir des personnages de bande dessinée dont les vêtements sont rayés.

- **Quelle est la nature de cette image ?**
  Ce sont des dessins issus de livres. Les Dalton sont des personnages issus de la bande dessinée *Lucky Luke*. Les bandes dessinées sont des livres dans lesquels une histoire est racontée avec des images qui se succèdent et où les personnages s'expriment grâce à des bulles dans lesquelles sont écrites leurs paroles ou leurs pensées.
  Charlie est le personnage principal du livre-jeu *Où est Charlie ?*
  Un livre-jeu est un livre qui propose des jeux pour le lecteur.

- **Que voit-on sur l'image de gauche ?**
  Sur l'image de gauche, on voit quatre personnages de tailles différentes. Ils marchent tous dans la même direction et se suivent du plus petit au plus grand. Ils se ressemblent très fortement, seule leur taille les distingue : ils ont tous des cheveux et une moustache noirs, un grand menton et un gros nez, et leurs vêtements sont identiques. On voit que le premier et le dernier parlent, car leur bouche est ouverte et qu'il y a une bulle au-dessus de leur visage. Dans cette bulle est écrit ce qu'ils disent. Ces personnages s'appellent les *Dalton*.

- **Que voit-on sur l'image de droite ?**
  Sur l'image de droite, on voit un personnage souriant qui porte des lunettes et qui marche avec une canne.
  Il porte un pantalon bleu, un pull et un bonnet rayés.
  Ce personnage s'appelle *Charlie*.

- **Qu'ont en commun les personnages dessinés sur cette image ?**
  Ces personnages portent tous des vêtements avec des rayures horizontales.

- **Quelles différences y a-t-il entre leurs vêtements ?**
  Les couleurs de leurs vêtements sont différentes : les habits de Charlie sont rayés blanc et rouge tandis que ceux des Dalton sont rayés jaune et noir.

L'image en action

OBJECTIF Tracer des lignes horizontales à l'aide d'un inducteur.

- Découper des vêtements sur du papier coloré (t-shirt et pantalon) puis les plier à la manière d'un éventail. Cette étape est réalisée par l'enseignant.
- Tracer des lignes entre les différents plis à l'aide d'un feutre. La tête d'un des Dalton pourra être collée.
- Dessiner les pieds et les mains.

Productions réalisées par des enfants de PS.

Images en réseau

Réseau sur les lignes horizontales.

Observer des lignes horizontales

15 16 18 19

Jeu

Où sont les rayures horizontales ?

Ce jeu consiste à retrouver sur l'image les personnages ayant des vêtements à rayures horizontales.

Aquarelle sans titre (1939) Vassily Kandinsky © Vassily Kandinsky / ADAGP, Paris 2014
Crédit photo akg-images / Album / Oronoz

Vassily Kandinsky (1866-1944)

18 AQUARELLE SANS TITRE (1939)

Aquarelle. Exposition, Madrid, Espagne.
41,4 x 30,1 cm.

Cette aquarelle a été peinte par **Vassily Kandinsky** en 1939 à Paris, à une époque qui correspond à sa dernière mutation artistique, nommée l'abstraction biomorphe. Cette période se caractérise par l'utilisation d'un fond constitué de couleurs variées et dégradées, sur lequel sont disposées des formes géométriques et des formes biomorphes (formes abstraites constituées de lignes courbes qui évoquent des organismes microscopiques). Dans l'œuvre ci-contre, on note une légère domination du bleu et du jaune, qui forment un couple contrasté très dynamique. Vassily Kandinsky les associe souvent. Pour lui, chaque couleur a une signification : le jaune est une couleur terrestre, tandis que le bleu est une couleur céleste évoquant le calme.

L'image en questions

OBJECTIF Identifier des bandes horizontales dans une œuvre d'art.

- **Quelle est la nature de cette image ?**
  Il s'agit d'une reproduction d'une peinture réalisée par Vassily Kandinsky. L'artiste a peint avec de l'aquarelle.
- **Que voit-on sur cette toile ?**
  On voit des formes qui ne sont pas toutes identifiables. On reconnaît une échelle, une forme fait penser à un serpent, une autre à une montgolfière, une dernière à un chien…
  D'autres formes n'évoquent pas d'objet particulier.
  La plupart sont plutôt arrondies, leurs lignes sont courbes. On dit que ce sont des formes *biomorphes*.
- **De quoi est constitué le fond de cette peinture ?**
  Le fond de cette peinture est constitué de bandes horizontales de différentes couleurs.
- **Quelles sont les couleurs utilisées par l'artiste ?**
  L'artiste a utilisé quasiment toutes les couleurs, à l'exception du blanc, du marron et du noir.
- **Que se passe-t-il quand le fond change de couleur derrière une forme ?**
  Lorsque le fond change de couleur derrière une forme, celle-ci change de couleur, comme si elle était légèrement transparente.

L'image en action

OBJECTIF Tracer des lignes horizontales en utilisant la technique de l'aquarelle.

- Dans un premier temps, mouiller avec un pinceau l'ensemble de sa feuille, puis mouiller le pinceau et le frotter sur le galet de peinture.
- Tracer alors des lignes horizontales de différentes couleurs sur la feuille pour réaliser un fond.
- Selon le niveau des élèves, coller des gommettes ou des formes découpées sur ce fond.

Production réalisée par un enfant de MS.

Images en réseau

Réseau sur les lignes horizontales.

Observer des lignes horizontales

15 16 17 19

Réseau sur Vassily Kandinsky.

Découvrir Vassily Kandinsky et plusieurs de ses œuvres

31 37 53 54 55

19 ANIMAUX À RAYURES HORIZONTALES

Photographies couleur.

Certains animaux arborent des rayures sur leur peau. Dans la plupart des cas, c'est une caractéristique qui permet aux animaux de se camoufler, de mieux se cacher pour surprendre leur proie ou de facilement disparaître pour échapper à un prédateur. Ici, nous avons choisi quatre poissons dont les écailles sont ornées de lignes horizontales.

L'image en questions

OBJECTIF Identifier des lignes horizontales sur la peau d'un animal.

- **Quelle est la nature de ces images ?**
  Il s'agit de quatre photographies en couleur. Elles ont été prises par un photographe. C'est une personne dont le métier consiste à prendre des photographies avec un appareil photo.
- **Que voit-on sur ces photographies ?**
  On voit quatre poissons.
- **Quel est le point commun entre eux ?**
  Tous ces poissons sont très colorés. Ils sont ornés de lignes horizontales.
- **De combien de couleurs sont leurs lignes ?**
  Les lignes des deux poissons du haut sont de deux couleurs : jaune et bleu ou rouge et bleu. Les lignes des deux poissons du bas sont de trois couleurs : bleu, jaune et noir.
- **Comment sont disposées les trois couleurs des poissons du bas ?**
  Il ne s'agit pas d'une alternance bleu, jaune, noir / bleu, jaune, noir. Le bleu est entouré de deux lignes noires, elles-mêmes entourées de lignes jaunes. On obtient une alternance jaune, noir, bleu, noir / jaune, noir, bleu, noir.

L'image en action

OBJECTIF Tracer des lignes horizontales.

- Réaliser un fond à l'aide d'encres de différents bleus et de gros sel. Pour cela, recouvrir la feuille sans mélanger les couleurs et parsemer de gros sel avant que l'encre ne sèche.
- Recouvrir une autre feuille d'encre de différentes couleurs.
- Tracer alors des lignes horizontales à l'aide d'un révélateur.
- Découper sur cette feuille des poissons de différentes tailles.
- Les poissons seront collés sur le fond, des algues et du sable pourront être ajoutés.

Production collective réalisée par des enfants de MS.

Images en réseau

Réseau sur les lignes horizontales.

Observer des lignes horizontales

15 16 17 18

Réseau sur les animaux.

Comparer avec d'autres animaux

14 28

Jeu

La pêche aux rayures !

Ce jeu consiste à placer dans le filet uniquement des poissons ayant des lignes horizontales.

Galette des rois (2014) Cihan Serdaroglu © ACCÈS Éditions

Cihan Cerdaroglu (né en 1956)

20 GALETTE DES ROIS (2014)

Photographie couleur.

La galette des rois a des origines païennes : début janvier, durant la période proche du solstice d'hiver, les romains célébraient les *Saturnales*, qui honoraient le dieu Saturne. Pendant cette fête, le roi du festin, un domestique ou un esclave, était élu grâce à une fève glissée dans un gâteau doré de forme ronde, qui rappelait le soleil. La galette symbolise donc le retour de la lumière du soleil après les longues nuits d'hiver. Pour que l'élection soit juste, on plaçait un enfant innocent sous la table et c'est lui qui choisissait les parts. Ce n'est qu'au XIIIe ou au XIVe que l'Église s'approprie cette tradition et l'associe à l'épiphanie.

L'image en questions

OBJECTIF Découvrir la notion de quadrillage.

- **Quelle est la nature de cette image ?**
  C'est une photographie en couleur. Elle a été prise par un photographe. C'est une personne dont le métier consiste à prendre des photographies avec un appareil photo.
- **Qu'y voit-on ?**
  On voit une galette des rois posée sur une assiette. C'est un gâteau fait avec de la pâte feuilletée et de la frangipane.
- **À quelle occasion mange-t-on la galette des rois ?**
  On la mange pour la fête des rois début janvier. Traditionnellement, on la partage lors de l'épiphanie, qui est une fête chrétienne célébrant l'arrivée des rois mages auprès de Jésus. Mais son origine est plus ancienne : elle remonte à l'antiquité romaine.
- **Que trouve-t-on dans la galette ?**
  À l'intérieur de la galette, on trouve généralement de la frangipane, mais certaines variantes existent : pomme, chocolat… Le point commun entre toutes les galettes, c'est qu'elles contiennent toutes une fève. À l'origine, c'était une vraie fève. Depuis la moitié du XVIIIe siècle, les fèves sont des petites figurines en porcelaine. Celui qui a la fève est désigné roi de la fête et reçoit une couronne.
- **Comment pourrait-on dessiner une galette ?**
  Pour dessiner une galette, il faudrait tracer un rond, puis des lignes verticales et des lignes horizontales, de manière à former un quadrillage. Lorsque les lignes se croisent de cette manière, on obtient plein de carrés.

L'image en action

OBJECTIF Réaliser un quadrillage avec de la pâte à modeler.

- Modeler une boule. L'écraser afin d'obtenir un disque plat.
- Réaliser des boudins assez fins en utilisant une couleur de pâte différente et les placer verticalement sur le disque.
- Réaliser des boudins d'une autre couleur et les placer horizontalement sur le disque.

Production réalisée par un enfant de MS.

Pratiques en lien PÉRIODE 3

J'aime la galette pages 58-59

Images en réseau

Réseau sur les quadrillages.

Observer des images contenant un quadrillage

21 22 23 J

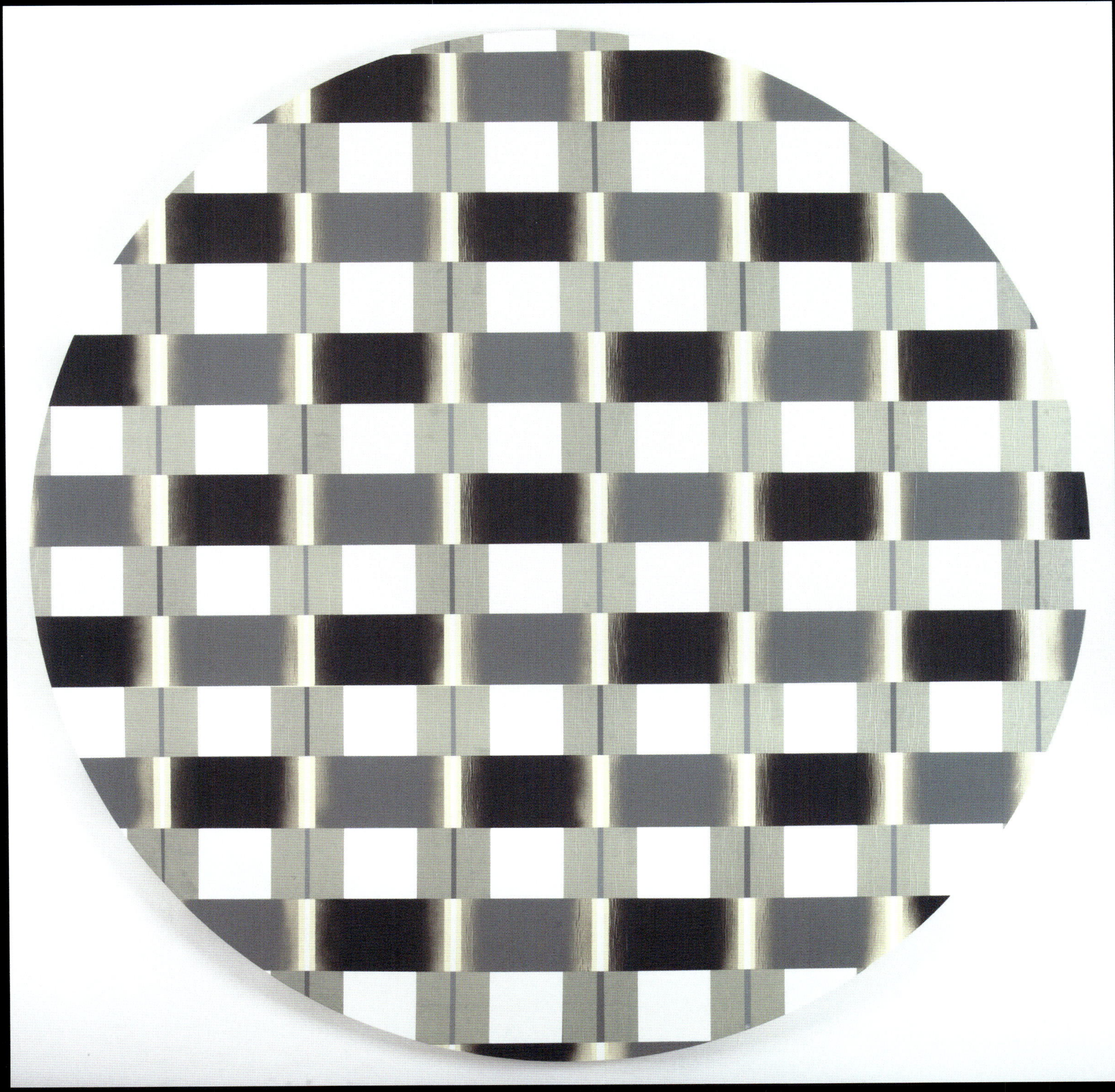

Sans titre (2011) L'ATLAS © L'ATLAS 2014

Jules Dedet, dit L'ATLAS (né en 1978)

21 SANS TITRE (2011)

Laque et aérosol sur toile.
130 x 130 cm.

L'Atlas est un artiste français. Il commence à taguer au début des années 1990 et étudie la calligraphie arabe au Maroc et en Égypte. Il devient l'une des figures majeures du *Street Art*. Beaucoup de ses œuvres sont créées *in situ* : elles sont conçues pour un lieu donné. L'Atlas allie la tradition de la calligraphie arabe avec les médiums contemporains, tels que la bombe aérosol et le gaffer (scotch utilisé notamment sur les tournages). Pour composer ses toiles, il joue sur l'équilibre entre le plein et le vide : il remplit sa toile avec du gaffer, puis le soustrait par petits bouts pour laisser apparaître le fond de la toile. Une vidéo de L'Atlas en pleine action est disponible en suivant ce lien : http://www.actuart.org/article-expo-street-art-l-atlas-120538693.html

L'image en questions

OBJECTIF Observer et décrire une œuvre comportant un quadrillage.

- **Quelle est la nature de cette image ?**
  C'est une photographie d'une œuvre de l'artiste L'Atlas. Ce n'est pas son vrai nom. C'est un pseudonyme, un nom d'artiste.
- **Quelle est la forme de cette œuvre ?**
  Cette œuvre est de forme ronde.
- **Quelles sont les couleurs utilisées par l'artiste ?**
  L'Atlas a utilisé du blanc, du beige, du noir et différentes nuances de gris.
- **De quoi est constituée cette toile ?**
  Elle est constituée de bandes verticales et horizontales qui se croisent pour former un quadrillage.
- **De quelles couleurs sont les bandes verticales ?**
  Les bandes verticales sont blanches et beiges.
  Au centre de chaque bande beige, on voit une ligne grise.
- **De quelles couleurs sont les bandes horizontales ?**
  Chaque bande horizontale est noire et grise. Le noir et le gris sont à chaque fois séparés d'un trait vertical beige.
- **Si on part du principe que l'artiste a superposé des bandes pour former ce quadrillage, dans quel ordre a-t-il procédé ?**
  On peut imaginer que l'artiste a d'abord formé les lignes verticales, avant d'y superposer les bandes horizontales. Pour que ces bandes comportent deux couleurs, l'artiste y a certainement vaporisé de la peinture grise ou noire à l'aide d'une bombe aérosol.

L'image en action

OBJECTIF Tracer un quadrillage.

- Découper un disque de 30 centimètres de diamètre et le peindre avec de la peinture dorée.
- Laisser sécher puis recouvrir l'ensemble du disque de gouache noire mélangée à de la colle.
- Tracer un quadrillage à l'aide d'une spatule sur la peinture fraîche.
- Il est possible de tracer un quadrillage avec des feutres dorés sur le verso afin d'obtenir un mobile.

Production réalisée par un enfant de MS.

Pratiques en lien PÉRIODE 3

Savez-vous comment ? pages 60-61

Images en réseau

Réseau sur les quadrillages.

Observer des images contenant des quadrillages

20 22 23 J

Réseau sur L'ATLAS.

Découvrir une autre œuvre de L'ATLAS

22

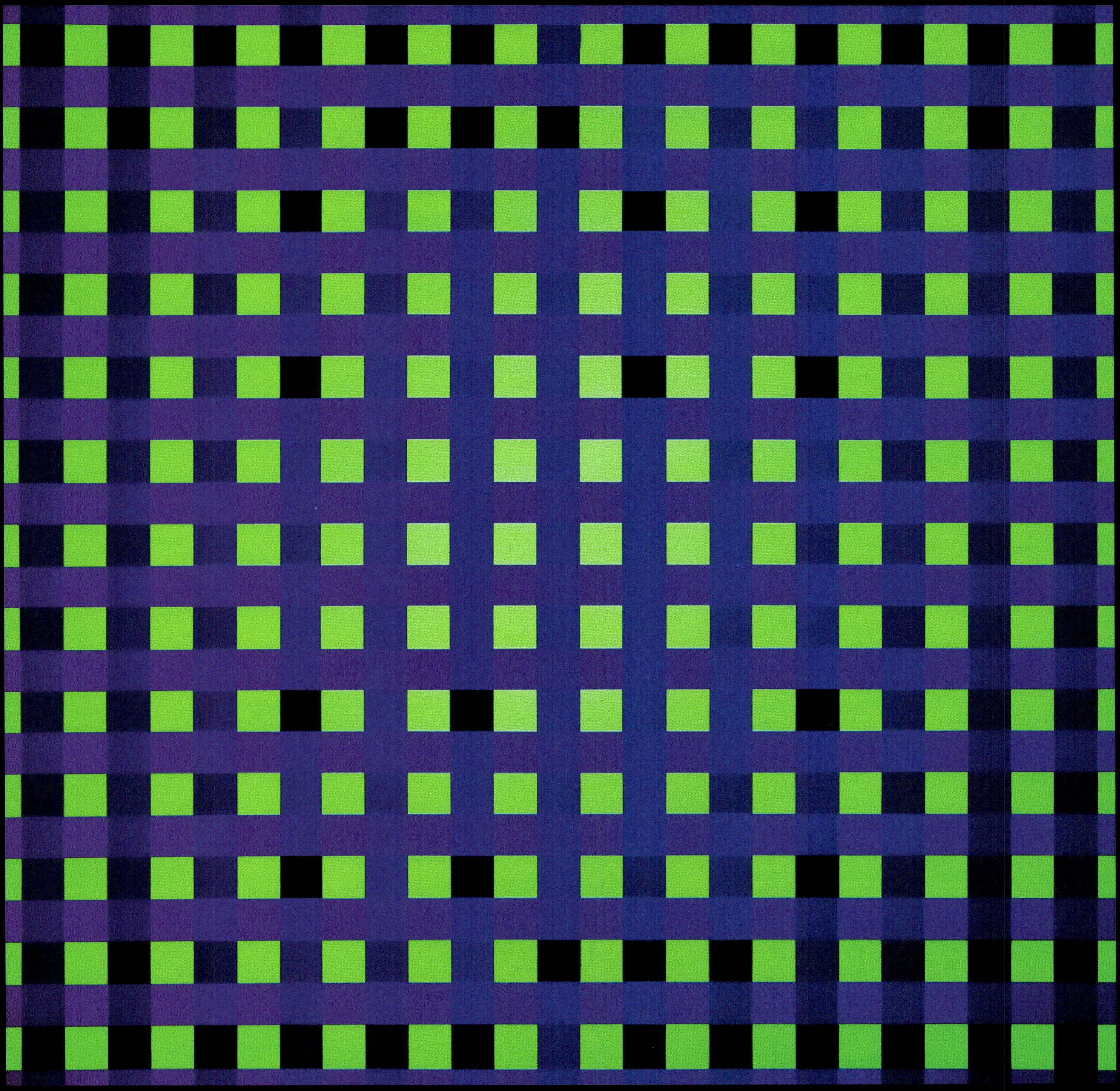

Sans titre (2013) L'ATLAS © L'ATLAS 2014

Jules Dedet, dit L'ATLAS (né en 1978)

22 SANS TITRE (2013)

Laque et aérosol sur toile.
130 x 130 cm.

L'Atlas est un artiste français. Il commence à taguer au début des années 1990 et étudie la calligraphie arabe au Maroc et en Égypte. Il devient l'une des figures majeures du *Street Art*. Beaucoup de ses œuvres sont créées *in situ* : elles sont conçues pour un lieu donné. L'Atlas allie la tradition de la calligraphie arabe avec les médiums contemporains, tels que la bombe aérosol et le gaffer (scotch utilisé notamment sur les tournages). Pour composer ses toiles, il joue sur l'équilibre entre le plein et le vide : il remplit sa toile avec du gaffer, puis le soustrait par petits bouts pour laisser apparaître le fond de la toile. Une vidéo de L'Atlas en pleine action est disponible en suivant ce lien : http://www.actuart.org/article-expo-street-art-l-atlas-120538693.html

L'image en questions

OBJECTIF Observer et décrire une œuvre comportant un quadrillage.

- **Quelle est la nature de cette image ?**
  C'est une photographie d'une œuvre de l'artiste L'Atlas. Ce n'est pas son vrai nom. C'est un pseudonyme, un nom d'artiste.
- **Quelles sont les couleurs utilisées par l'artiste ?**
  L'Atlas a utilisé du vert, du noir et du bleu-violet.
- **De quoi est constituée cette toile ?**
  Elle est constituée de bandes verticales et horizontales qui se croisent pour former un quadrillage.
- **De quelle couleur est le fond de cette toile ?**
  Le fond de cette toile est de couleur verte.
- **De quelles couleurs sont les bandes horizontales ?**
  Les bandes horizontales sont de couleur bleu-violet.
- **De quelles couleurs sont les bandes verticales ?**
  Les bandes verticales sont noires et bleu-violet. On dirait que l'artiste a recouvert certaines parties de ces bandes et qu'il en a laissé d'autres telles quelles. Il est difficile de savoir dans quel ordre l'artiste a procédé pour obtenir ce résultat.

L'image en action

OBJECTIF Réaliser un quadrillage en collant des bandes.

- Découper des bandes de deux couleurs différentes. Dans un premier temps, coller sur une feuille carrée les bandes d'une même couleur verticalement, puis changer de couleur pour les bandes horizontales. Avec des élèves plus âgés, proposer de faire un quadrillage en alternant les couleurs.

Production réalisée par un enfant de PS.

OBJECTIF Réaliser un quadrillage avec du ruban adhésif.

- Donner des bandes de ruban vinyle adhésif coloré aux élèves. Leur demander de réaliser un quadrillage avec les bandes.
- Il est important de leur expliquer la manière de coller : positionner d'abord une extrémité de la bande puis lisser jusqu'à la deuxième extrémité pour qu'elle colle. Il est préférable d'utiliser du ruban adhésif peu collant voire repositionnable.

Production réalisée par un enfant de GS.

Images en réseau

Réseau sur les quadrillages.
Observer des images contenant des quadrillages
20 21 23 J

Réseau sur L'ATLAS.
Découvrir une autre œuvre de L'ATLAS
21

Peinture numérique n°11 (2002) Sébastien Nadin © ADAGP, Paris 2014
Crédit photo Jean-Pierre Legrand / Banque d'Images de l'ADAGP

Sébastien Nadin (né en 1972)

23 PEINTURE NUMÉRIQUE N°11 (2002)

Huile sur toile.
80 x 80 cm.
Collection de l'artiste.

Sébastien Nadin est un peintre français. Pour lui la peinture est « une expression plastique intérieure, fondée sur une invention des formes qui tiendrait compte d'un certain ordre classique, tout en se préoccupant des questions contemporaines ». Sébastien Nadin peint en ayant une solide connaissance de la matière, de la géométrie, de la couleur et du trait. Les cadres autour et au sein de ses œuvres représentent une volonté narrative. Cette organisation lui permet de *découper* l'œuvre. Il s'agit en fait de *tableaux* dans le *tableau*.

L'image en questions

OBJECTIF Identifier les éléments d'un quadrillage dans une œuvre d'art.

- **Quelle est la nature de cette image ?**
  Cette image est une reproduction d'une toile de Sébastien Nadin. L'artiste a peint sur la toile avec de la peinture à l'huile.
- **Quelles sont les couleurs utilisées par l'artiste ? Sont-elles vives ou plutôt pastel ?**
  L'artiste a utilisé du blanc, du jaune, du orange, du rouge, du bleu et du vert. Les couleurs utilisées sont pâles et pastel.
- **Que voit-on sur l'œuvre ?**
  On peut apercevoir un quadrillage blanc et des carrés avec des motifs colorés.
- **Que voit-on dans les carrés formés par le quadrillage ? Peut-on identifier les formes et les dessins ?**
  On voit des formes colorées sur des fonds colorés. On ne reconnaît pas vraiment ce qui a été représenté par l'artiste : il s'agit de motifs abstraits.

L'image en action

OBJECTIF Réaliser un quadrillage en collant des bandes de papier.

- Sur une feuille blanche de format carré, l'enseignant trace un quadrillage de neuf cases au crayon de papier.
- Les élèves remplissent chacune des cases avec de la peinture de différentes couleurs pastel.
- Ensuite, ils découpent dans du papier coloré de petits morceaux de différentes formes et les collent dans les cases peintes.
- Pour finir, ils collent des bandes blanches sur le quadrillage afin de le mettre en valeur.

Production réalisée par un enfant de MS.

Images en réseau

Réseau sur les quadrillages.

Observer des images contenant des quadrillages

20 21 22 J

La Tour Eiffel en construction vue du Trocadéro (1922) Rivière Henri

Henri Rivière (1864-1951)

24 LA TOUR EIFFEL EN CONSTRUCTION VUE DU TROCADÉRO (1922)

Estampe. 22,8 x 27 cm.
Musée d'Orsay, Paris.

Henri Rivière est un artiste français. Créateur du célèbre *Théâtre d'ombres* qui fit la réputation du *Chat noir* à la fin des années 1880, il s'est ensuite imposé dans le domaine de l'estampe, de la gravure sur bois et de l'aquarelle. À la fin du XIXe siècle, l'artiste découvre la gravure sur bois japonaise et devient l'un des piliers du japonisme européen. Au début du XXe siècle, il s'inspire des *Trente-six vues du Mont Fuji* de Katsushika Hokusai pour réaliser les *Trente-six vues de la Tour Eiffel*, une série d'estampes montrant la Tour Eiffel en construction prise sous différents angles, depuis différents lieux. L'estampe ci-contre est l'une d'entre elles.

L'image en questions

OBJECTIF Découvrir que la neige est souvent représentée par des points.

- **Quelle est la nature de cette image ?**
  C'est une reproduction d'une estampe. L'estampe est le résultat de l'impression d'une gravure sur un support souple, tel que le papier.
- **Que voit-on sur cette image ?**
  Il s'agit d'une vue de Paris enneigée. On y voit la Tour Eiffel en construction, quelques arbres, une diligence tirée par un cheval, des gens qui marchent rapidement, dont deux avec un parapluie.
- **Quelles sont les couleurs utilisées par l'artiste ?**
  L'artiste a utilisé du noir, du blanc et toute une gamme de gris. Ce sont des couleurs d'hiver.
- **Pourquoi les personnages au premier plan tiennent-ils des parapluies ?**
  Pour éviter de se faire mouiller par la neige.
- **Que voit-on derrière le personnage au premier plan ?**
  On voit des empreintes qu'il laisse dans la neige.
- **Comment est représentée la neige ?**
  Elle est blanche et recouvre le sol et les objets. Les flocons qui tombent sont symbolisés par des points.

L'image en action

OBJECTIF Tracer des points.

- Dessiner un paysage à l'aide d'un coton-tige et de drawing gum : bonhomme de neige, sapin, montagne, maison…
- Représenter des flocons en traçant des points.
- Lorsque le drawing gum est sec, remplir la feuille avec de l'encre noire ou bleu foncée.
- Lorsque la production est sèche, frotter pour supprimer le drawing gum.

Production réalisée par un enfant de MS.

Pratiques en lien PÉRIODE 3

Il neige ! pages 64-65

Images en réseau

Réseau sur les points.
Observer des images contenant des points
25 26 27 28 K

Réseau sur la neige.
Observer plusieurs images de neige
6 8 9

Yayoi Kusama photographiée par Itsuo Inouye (Japan Polka Dot Artist 2012) © Itsuo Inouye
Crédit photo AP 2012

Yayoi Kusama (née en 1929)

25 PORTRAIT DE YAYOI KUSAMA (2012)

Japan Polka Dot Artist
Photographie couleur de Itsuo Inouye.

Yayoi Kusama est une artiste japonaise contemporaine, à la fois peintre, sculptrice et écrivaine. Enfant, elle est victime d'hallucinations qui lui font visualiser des motifs récurrents, tels que les pois. Depuis, elle répète à l'infini ce motif qui caractérise son œuvre.

L'image en questions

OBJECTIF Découvrir une artiste qui utilise les points dans son œuvre.

- **Quelle est la nature de cette image ?**
  C'est une photographie en couleur. Elle a été prise par un photographe. C'est une personne dont le métier consiste à prendre des photographies avec un appareil photo.
- **Que voit-on sur cette photographie ?**
  On voit une artiste en train de peindre des points. Il s'agit de Yayoi Kusama.
- **Que peut-on dire de cette artiste ?**
  C'est une femme, elle a les cheveux teints en rouge, elle porte des lunettes, elle est assez âgée. Elle avait 83 ans lorsque la photographie a été prise.
- **Où la photographie a-t-elle été prise ?**
  Elle a été prise dans l'atelier de l'artiste, sur son lieu de travail, à Tokyo.
- **Que voit-on derrière elle ? Quelle couleur et quelle forme prédominent ?**
  On voit plusieurs de ses œuvres. Toutes ses œuvres comportent du rouge et la plupart comportent des points.

L'image en action

OBJECTIF Adopter une posture d'artiste en action.

- Poser pendant la réalisation d'une production picturale.

Images en réseau

Réseau sur les points.
Observer des images contenant des points
24 26 27 28 K

Réseau sur Yayoi Kusama.
Découvrir Yayoi Kusama et plusieurs de ses œuvres
26 27 K

Réseau sur les portraits d'artistes.
Découvrir d'autres portraits d'artistes
4 12 15 45 53 61 62

Pumpkin, Japon (1994) Luciano Lepre © Luciano Lepre
Crédit photo Glowimages

Yayoi Kusama (née en 1929)

26 PUMPKIN (1994)

Fibre de verre peinte en béton armé.
Naoshima, île de Shikoku, Japon.

Les citrouilles sont un motif important dans l'œuvre de Yayoi Kusama. Dans son enfance, l'entrepôt de l'entreprise familiale était rempli de citrouilles et sa famille en mangeait très régulièrement. Depuis, Yayoi Kusama garde un fort attachement à la forme de ce légume. Cette sculpture géante de plein air a été commandée pour l'île japonaise de Naoshima en 1994. Elle est ornée de points, motif récurrent chez cette artiste.

L'image en questions

OBJECTIF Identifier des points dans une œuvre d'art.

- **Quelle est la nature de cette image ?**
  C'est une photographie d'une sculpture de Yayoi Kusama. Une sculpture est une œuvre d'art en volume, qui peut être construite en différents matériaux. La personne qui crée une sculpture est un sculpeur.
- **Quelle est la forme de cette sculpture ?**
  Elle a la forme d'une citrouille, d'un potiron.
- **De quelles couleurs est cette sculpture ?**
  Elle est jaune à pois noirs.
- **Que voit-on en arrière-plan ?**
  On peut apercevoir la mer, la plage, le sable. Cette œuvre est une sculpture de plein air, conçue pour être exposée à l'extérieur, en un lieu donné. Elle se trouve sur une île japonaise au bord de la mer.
- **Quelle est la taille de la sculpture ?**
  Cette sculpture mesure plus de deux mètres de haut. Elle est un peu plus grande qu'un adulte.
- **Quel nom pourrait-on donner à cette œuvre ?**
  Le potiron à pois, la citrouille qui a la varicelle. L'artiste Yayoi Kusama l'a appelée PUMPKIN, ce qui signifie citrouille ou potiron en anglais.

L'image en action

OBJECTIF Tracer des points sur une production en volume.

- Après avoir observé différentes cucurbitacées (potiron, potimarron, citrouille, courgette), réaliser une sculpture à l'aide de pâte à sel.
- Une fois cuite et sèche, la peindre avec de la peinture acrylique de couleur vive.
- Tracer des points noirs en utilisant un coton tige, ou un pinceau fin.
- On pourra rassembler les cucurbitacées de la classe pour former un panier d'automne version Yayoi Kusama.

Productions réalisées par des enfants de MS et GS.

Images en réseau

Réseau sur les points.
Observer des images contenant des points
24 25 27 28 K

Réseau sur Yayoi Kusama.
Découvrir Yayoi Kusama et plusieurs de ses œuvres
25 27 K

Flowers that bloom at midnight (2009) Yayoi Kusama © Jürgen Raible
Crédit photo akg-images / Jürgen Raible

Yayoi Kusama (née en 1929)

27 FLOWERS THAT BLOOM AT MIDNIGHT (2009)

Fibre de verre, plastique, polyuréthane (couleurs). Exposé dans les Jardins des Tuileries à Paris à l'occasion d'une rétrospective au Centre Georges Pompidou du 10 octobre 2011 au 9 janvier 2012.

Flowers that bloom at Midnight **sont sept sculptures créées par Yayoi Kusama. Trois d'entre elles ont été exposées dans le jardin des Tuileries à Paris du 10 octobre 2011 au 9 janvier 2012. Les fleurs ont une place importante dans la société japonaise ainsi que dans l'œuvre de l'artiste. Elles figurent dans beaucoup de ses peintures et dessins de jeunesse. Leur symbolisme reflète un grand nombre de ses préoccupations : la vie et la mort, la célébration et le deuil, le masculin et le féminin. Ces fleurs sont recouvertes de points, motif récurrent chez Yayoi Kusama.**

L'image en questions

OBJECTIF Identifier des points dans une œuvre d'art.

- **Quelle est la nature de cette image ?**
  C'est une photographie d'une sculpture. Une sculpture est une œuvre d'art en volume, qui peut être construite en différents matériaux. La personne qui crée une sculpture est un sculpteur.
- **Où est exposée cette sculpture ?**
  Elle est exposée dans un parc, sur une pelouse entourée d'arbres. C'est une sculpture de plein air, conçue pour être exposée à l'extérieur.
- **Quelle est la forme de cette sculpture ?**
  C'est une fleur, avec une tige et des pétales.
- **Qu'a de particulier cette fleur ?**
  Cette fleur est très colorée. Elle comporte des points de différentes couleurs et de différentes tailles.
- **Qui a fabriqué cette fleur ?**
  C'est Yayoi Kusama.

L'image en action

OBJECTIFS Tracer des points.
Remplir une surface délimitée.

- Différentes parties d'une fleur découpée : tige, pétales, cœur sont proposées.
- Choisir un cœur, plusieurs pétales, une tige, une feuille et les remplir d'encre en utilisant librement les couleurs.
- Dans un second temps, réaliser des points avec différents objets (coton-tige, bouchon de liège, pinceau…) et de la peinture d'une couleur différente de celle de l'encre.
- Lors d'une dernière étape, assembler la fleur et la coller sur une feuille de couleur verte. En fonction de la taille des fleurs, ces productions peuvent être collectives.

Productions réalisées par des enfants de MS.

Images en réseau

Réseau sur les points.
Observer des images contenant des points
24 25 26 28 K

Réseau sur Yayoi Kusama.
Découvrir Yayoi Kusama et plusieurs de ses œuvres
25 26 K

Grenouille de verre © Atelopus, Coccinelle © stoupa, requin baleine © crisod, poisson © lilithlita
Crédit photo Istockphoto

28 ANIMAUX À POIS

Photographies couleur.

Certains animaux arborent des pois ou des taches sur leur pelage ou leur peau. Dans la plupart des cas, c'est une caractéristique qui permet aux animaux de se camoufler, de mieux se cacher pour surprendre leur proie ou de facilement disparaître pour échapper à un prédateur. Ici, nous avons choisi quatre animaux dont la peau est ornée de pois : un mérou corail à points bleus, un requin baleine, une coccinelle et une grenouille de verre émeraude.

L'image en questions

OBJECTIF Identifier des pois sur la peau d'un animal.

- **Quelle est la nature de ces images ?**
  Il s'agit de quatre photographies en couleur. Elles ont été prises par un photographe. C'est une personne dont le métier consiste à prendre des photographies avec un appareil photo.
- **Que voit-on sur ces photographies ?**
  On voit quatre animaux : deux poissons (un mérou et un requin baleine), une coccinelle et une grenouille.
- **Quel est le point commun entre les peaux de ces animaux ?**
  Leurs peaux comportent toutes des points. Les écailles du mérou sont rouges avec des points bleus, celles du requin baleine sont grises avec des points blancs, la peau de la grenouille est verte avec des points noirs et les ailes de la coccinelle sont jaunes avec des points noirs.

L'image en action

OBJECTIF Tracer des points.

- Choisir les couleurs d'un animal observé en photo. Réaliser sa peau à pois sur une feuille carrée à l'aide de peinture acrylique, d'un pinceau et d'un coton-tige.
- L'ensemble des carrés de la classe pourra alors être assemblé à la manière d'un patchwork.

Productions réalisées par des enfants de PS.

Images en réseau

Réseau sur les points.
Observer des images contenant des points
24 25 26 27 K

Réseau sur les animaux.
Comparer avec d'autres animaux
14 19

Rythme d'une danse russe (1918) Christian Émile Marie Küpper, dit Theo Van Doesburg

Christian Emile Marie Küpper, dit Theo van Doesburg (1883-1931)

29 RYTHME D'UNE DANSE RUSSE (1918)

Ritme van ein Russische Dans
Peinture à l'huile sur toile.
135,9 x 61,6 cm.
Museum of Modern Art (MoMA), New York.

Theo van Doesburg est un peintre, architecte et théoricien de l'art néerlandais. Il s'intéresse aux rapports entre peinture, architecture et abstraction. Il tente de réduire le réel à sa plus simple expression, en le représentant par des traits verticaux et horizontaux. Il fonde en 1917 la revue et le groupe *De Stijl* avec Mondrian, dont il se détache ensuite.
Pour *Rythme d'une danse russe*, Theo van Doesburg est parti des mouvements d'un danseur, dont il a simplifié la posture jusqu'à obtenir une combinaison de traits verticaux et horizontaux de couleurs pures (couleurs primaires et noir).

L'image en questions

OBJECTIF Découvrir les traits.

- **Quelle est la nature de cette image ?**
  C'est une reproduction d'un tableau peint par Theo van Doesburg.
- **Que voit-on sur ce tableau ?**
  On voit des traits.
- **Pourquoi parle-t-on ici de traits et non de lignes ?**
  Les lignes vont d'un bout à l'autre du support, on peut imaginer qu'elles se prolongent hors du tableau, elles sont continues. Les traits, au contraire, ont un début et une fin, ils s'arrêtent.
- **Dans quelles directions vont ces traits ?**
  Certains traits sont verticaux, d'autres horizontaux.
- **Quelles sont les couleurs utilisées par l'artiste ?**
  Theo van Doesburg a utilisé uniquement des « couleurs pures » (couleurs primaires et noir) : jaune, rouge, bleu et noir.

L'image en actions

OBJECTIF Orienter et espacer des objets pour réaliser une composition en volume.

- Disposer des objets sur une feuille verticalement et horizontalement, sans qu'ils se touchent ou sortent de l'espace de la feuille (Clipos, Duplos, feutres, crayons de couleur…).
- Réaliser cette activité avec des boudins en pâte à modeler.

Production réalisée par des enfants de PS.

Pratiques en lien PÉRIODE 3

Tirer un trait pages 68-69

Images en réseau

Réseau sur les traits.
Comparer avec d'autres œuvres contenant des traits
30 31

Réseau sur le groupe De Stijl.
Découvrir le groupe De Stijl et plusieurs de ses œuvres
30 52

Composition n°7 (1917) Bart van der Leck © Bart van der Leck / ADAGP, Paris 2014
Crédit photo akg-images

Barth van der Leck (1876-1958)

30 COMPOSITION N°7 (1917)

Komposition Nr.7
Huile sur toile. 132,5 x 96 cm.
Wilhelm-Hack-Museum, Ludwigshafen.

Barth van der Leck est un peintre néerlandais. Il commence à peindre des œuvres abstraites à partir de sa rencontre avec Piet Mondrian en 1916 et participe à la fondation de la revue et du groupe *De Stijl* avec Theo van Doesburg et Piet Mondrian. Il se détache assez vite de ce mouvement pour intégrer à nouveau des éléments figuratifs dans ses œuvres.

L'image en questions

OBJECTIF Identifier des traits dans une œuvre d'art.

- **Quelle est la nature de cette image ?**
  C'est une reproduction d'un tableau peint par Barth van der Leck. L'artiste a peint sur la toile avec de la peinture à l'huile.
- **Que voit-on sur ce tableau ?**
  On voit des traits. Chacun d'eux représente quelque chose, qui a été réduit à un trait.
- **Dans quelles directions vont ces traits ?**
  Certains traits sont verticaux, d'autres sont horizontaux.
- **Quelles sont les couleurs utilisées par l'artiste ?**
  Barth van der Leck a utilisé uniquement quatre couleurs : jaune, rouge, bleu et noir. Ce sont des *couleurs pures* : les couleurs primaires et le noir.

L'image en action

OBJECTIF Réaliser des empreintes de traits.

- Expliquer aux élèves que Bart van der Leck représentait chaque élément d'un paysage par des formes simples telles que des traits.
- Leur demander de représenter la cour de l'école ou un paysage découpé dans un catalogue ou présent sur une carte postale à l'aide de traits.
- Ceux-ci seront réalisés en trempant des planchettes en bois dans la gouache.
- Les différents éléments seront légendés par l'adulte.
- Utiliser uniquement les couleurs primaires et pures (noire, jaune, rouge et bleue), comme l'a fait l'artiste.

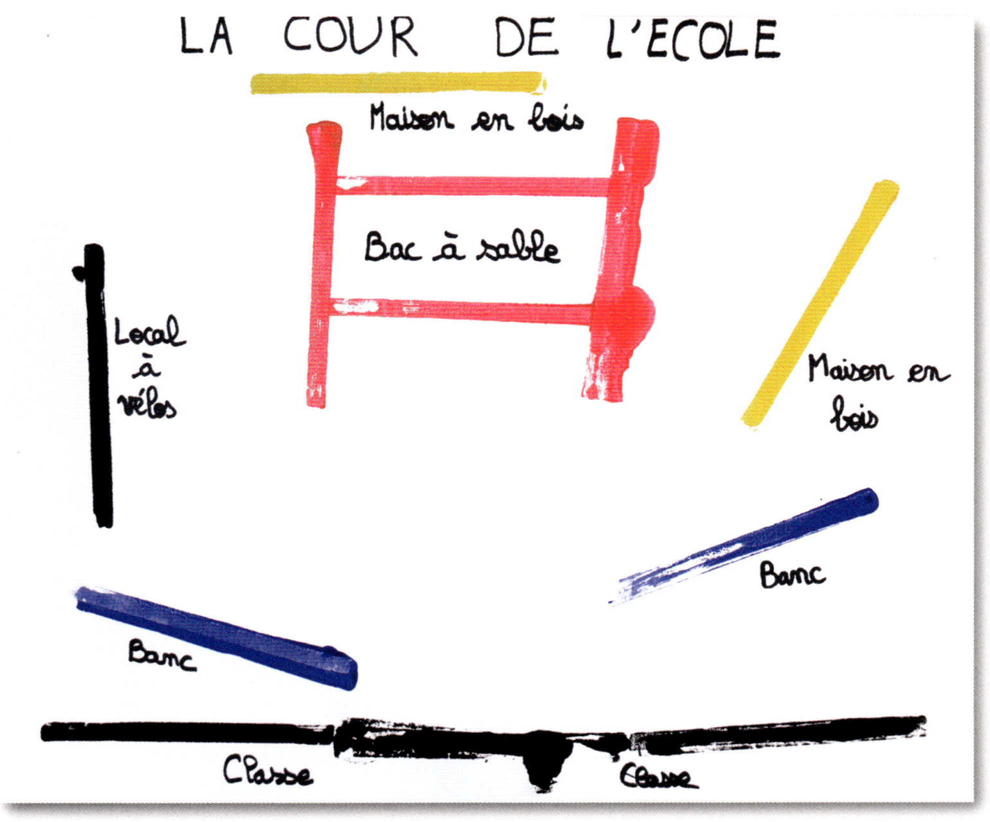

Production réalisée par des enfants de GS.

Images en réseau

Réseau sur les traits.
Comparer avec d'autres œuvres contenant des traits
29 31

Réseau sur le groupe De Stijl.
Découvrir le groupe De Stijl et plusieurs de ses œuvres
29 52

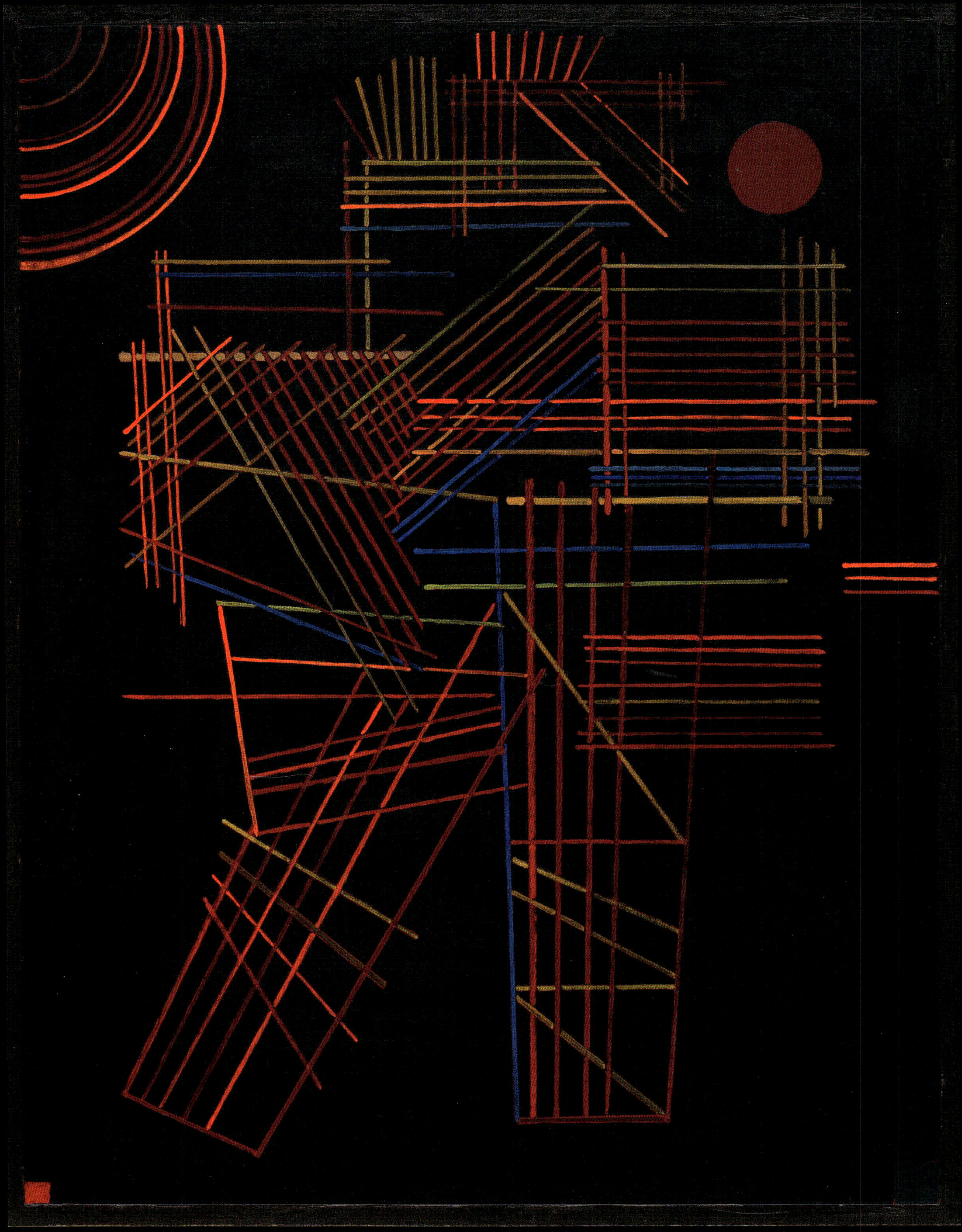

Bâtonnets multicolores (1928) Vassily Kandinsky © ADAGP, Paris 2014
Crédit photo Solomon R. Guggenheim Foundation

Vassily Kandinsky (1866-1944)

31 BÂTONNETS MULTICOLORES (1928)

Bunte Stäbchen
Détrempe vernie sur papier cartonné.
42,7 x 32,7 cm.
Musée Solomon R. Guggenheim, New York.

Cette peinture a été réalisée lorsque Vassily Kandinsky enseignait à l'école d'art et d'architecture du *Bauhaus* à Weimar en Allemagne. À cette période, Kandinsky développe grandement sa théorie des couleurs et sa théorie de la forme en s'appuyant sur l'analyse d'éléments singuliers comme le point, la ligne et la surface, ainsi que sur les rapports qui les unissent. Dans l'œuvre au verso, Vassily Kandinsky utilise essentiellement des traits, quelques lignes courbes et un rond.

L'image en questions

OBJECTIF Identifier des traits dans une œuvre d'art.

- **Quelle est la nature de cette image ?**
  C'est une reproduction d'une peinture de Vassily Kandinsky. Elle a été peinte sur du papier cartonné.
- **Que voit-on sur cette peinture ?**
  On voit des traits de différentes couleurs, quelques lignes courbes et un rond.
- **Comment sont orientés les traits ?**
  Certains traits sont verticaux, d'autres sont horizontaux. Quelques-uns sont obliques.
- **Quelles sont les couleurs utilisées par l'artiste ?**
  Le fond est entièrement noir, et les traits sont de trois couleurs : rouge, jaune et bleu. La couleur dominante est le rouge.
- **Comment sont disposés les traits sur la toile ?**
  Les traits sont disposés de manière à former une silhouette. On peut imaginer sur la toile un personnage en train de danser.

L'image en action

OBJECTIF Tracer des traits.

- Préparer trois barquettes avec des familles de cartes :
  - Trois cartes graphiques : traits verticaux, traits horizontaux, traits obliques.
  - Six à neuf cartes couleurs : jaune, orange, bleu, vert, rose, rouge, blanc…
  - Des cartes avec les chiffres de 1 à 6.
- Tirer une carte dans chacune des barquettes. Tracer à l'aide de craies grasses sur sa feuille la combinaison obtenue, par exemple : trois traits verticaux oranges. Avec les plus petits, réaliser un tirage collectif.
- Au bout de cinq ou six tirages, recouvrir l'ensemble de la feuille avec de l'encre noire.

Production réalisée par des enfants de MS.

Images en réseau

Réseau sur les traits.
Comparer avec d'autres œuvres contenant des traits
29 30

Réseau sur Vassily Kandinsky.
Découvrir Vassily Kandinsky et plusieurs de ses œuvres
18 37 53 54 55

Manège (2014) Cihan Serdaroglu © ACCÈS Éditions

Cihan Serdaroglou (né en 1956)

32 MANÈGE (2014)

Photographie couleur.

Très prisés des enfants, les manèges leur permettent de ressentir très jeunes un mouvement circulaire, de découvrir la sensation de tournis et le plaisir de tourner. Partir du vécu de l'enfant, de cette sensation globale, ressentie par tout le corps, pour arriver à un mouvement plus restreint, d'une partie du corps puis uniquement de la main, permettra à l'enfant de s'approprier progressivement et naturellement le geste circulaire.

L'image en questions

OBJECTIF Percevoir un mouvement circulaire.

- **Quelle est la nature de cette image ?**
  C'est une photographie en couleur. Elle a été prise par un photographe. C'est une personne dont le métier consiste à prendre des photographies avec un appareil photo.
- **Comment s'appelle l'objet au centre de l'image ?**
  C'est un manège, ou un carrousel. Derrière lui se trouve un stand où l'on peut acheter les tickets.
- **Où trouve-t-on des manèges ?**
  On trouve des manèges dans des parcs, à la fête foraine ou sur des places dans des villes.
- **Comment l'utilise-t-on ?**
  Êtes-vous déjà monté sur un manège ?
  On monte sur l'une des montures ou on s'assoit sur un siège et on se laisse bercer par le mouvement du manège. Le manège démarre, fait quelques tours, puis s'arrête. On peut alors se lever et choisir de s'installer ailleurs.
- **Quel mouvement fait le manège ?**
  Il tourne.

L'image en action

OBJECTIF Effectuer un geste circulaire en faisant tourner une toupie.

- Donner des toupies aux élèves et leur montrer le geste à effectuer pour la faire tourner.
- Pour en fabriquer avec eux, couvrir un CD avec une feuille ronde de même taille.
- Décorer alors celle-ci en réalisant des taches de différentes couleurs ou des cercles concentriques.
- Couper un bouchon de liège aux deux tiers. Placer le plus petit morceau sur le dessus du CD et le reste du bouchon sur la partie inférieure. Piquer un cure-dent et le laisser dépasser d'au moins deux centimètres en dessous du bouchon de liège sur la partie inférieure du CD.
- Laisser sécher, faire tourner la toupie en utilisant le bouchon comme poignée.

Production réalisée par des enfants de PS.

Pratiques en lien PÉRIODE 4

Tournez manèges ! pages 78-79

Images en réseau

Réseau sur les gestes circulaires continus.

Observer d'autres objets qui tournent

33 34 35

Grande roue (2014) Cihan Serdaroglu © ACCÈS Éditions

Cihan Serdaroglou (né en 1956)

33 GRANDE ROUE (2014)

Photographie couleur.

Moins connues des enfants que les manèges, les grandes roues sont présentes dans les fêtes foraines, les parcs d'attraction ou les grandes villes. Les grandes roues permettent aux adultes et aux enfants de bénéficier d'une vue panoramique sur ce qui les entoure. Contrairement aux manèges, les plateaux des grandes roues sont placés à la verticale et tournent autour d'un axe horizontal, tandis que ceux des manèges sont placés à l'horizontale et tournent autour d'un axe vertical. Si on imite le mouvement d'une grande roue avec le bras, on obtient un geste circulaire qui correspond au geste recherché pour former des motifs circulaires. C'est donc un geste à privilégier avec les enfants.

L'image en questions

OBJECTIF Percevoir un mouvement circulaire.

- **Quelle est la nature de cette image ?**
  C'est une photographie en couleur. Elle a été prise par un photographe. C'est une personne dont le métier consiste à prendre des photographies avec un appareil photo.
- **Comment s'appelle l'objet au centre de l'image ?**
  C'est une grande roue.
- **De quelle forme est-elle ?**
  Elle est ronde.
- **Comment l'utilise-t-on ?**
  On monte dans une nacelle, on s'assoit et on attend que la grande roue se mette en marche. Lorsqu'elle se met en mouvement, on monte, ce qui permet de profiter de la vue, puis on redescend de l'autre côté.
- **Quel mouvement fait-elle ?**
  Elle tourne.

Production réalisée par un enfant de GS.

L'image en action

OBJECTIF Effectuer un geste circulaire.

- Donner des moulins à vent aux élèves et les observer tourner.
- Pour en réaliser avec eux, décorer une feuille cartonnée de format carré à l'aide de peinture ou d'encre. Tracer les diagonales du carré. Découper la moitié de chacune d'elle sur les pointillés et plier en rassemblant chaque coin rouge au centre (point vert). Placer une punaise pour fixer les coins ainsi rassemblés et la piquer sur un rouleau d'essuie-tout. Placer alors un morceau de bouchon en liège à l'arrière de la punaise à l'intérieur du rouleau. Faire tourner le moulin en exerçant une poussée sur le côté.

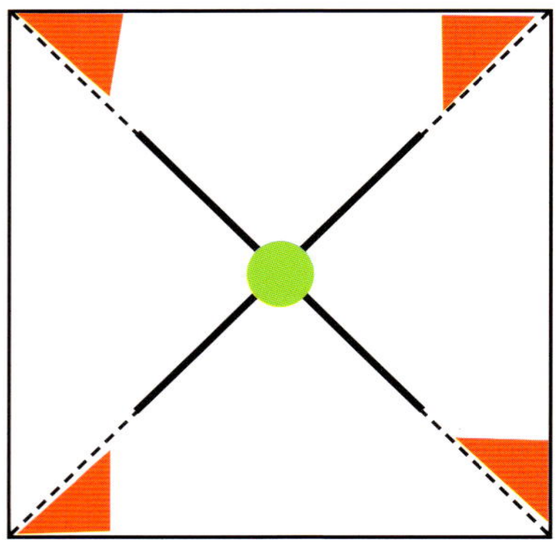

Pratiques en lien PÉRIODE 4

Tournicoti tournicota pages 80-81

Images en réseau

Réseau sur les gestes circulaires continus.

Observer d'autres objets qui tournent

32 34 35

Ligne indéterminée, Strasbourg, France (1990) Bernard Venet © ADAGP, Paris 2014
Crédit photo ACCÈS Éditions

Bernar Venet (né en 1941)

34 LIGNE INDÉTERMINÉE (1990)

Acier peint. 7 x 11 m.
Place de Bordeaux, Strasbourg.
Photographie couleur de Cihan Cerdaroglu

Ligne indéterminée **est une sculpture de Bernar Venet installée place de Bordeaux à Strasbourg. Après des recherches sur les lois mathématiques et les manifestations physiques des lignes, Bernar Venet, ami d'Arman et de Buren, explore l'indétermination des lignes. Il réalise à partir de 1983 plusieurs sculptures appelées *ligne indéterminée,* qui seront installées partout dans le monde (Nice, Paris, Berlin, Tokyo, Strasbourg, Pékin, Austin, San Francisco…) Ces sculptures en acier s'enroulent sur elles-mêmes de manière aléatoire, comme indéterminée, créant l'impression d'un mouvement qui entre en contradiction avec la lourdeur de l'acier dont elles sont constituées. Changeantes selon l'angle sous lequel on les regarde, ces lignes ne demandent qu'à être suivies et prolongées.**

L'image en questions

OBJECTIF Percevoir un mouvement circulaire évoqué par une sculpture.

- **Quelle est la nature de cette image ?**
  C'est une photographie en couleur d'une sculpture de Bernar Venet.
- **Que voit-on sur cette photographie ?**
  On voit une sculpture noire installée sur une place entourée d'une route et de voitures.
- **La sculpture est-elle grande ou petite ? Pourquoi ?**
  Cette sculpture est particulièrement grande. Quand on la compare aux voitures qui se trouvent autour d'elle, on voit qu'elle est bien plus haute et bien plus grande. Elle est haute de sept mètres, bien plus grande qu'une girafe. Elle est longue de onze mètres, presque aussi longue qu'un bus.
- **Quelle forme prend cette sculpture ?**
  Cette sculpture est constituée d'une ligne qui tourne sur elle-même.
- **À quoi fait penser cette sculpture ?**
  Elle peut faire penser à un tourbillon, à la spirale présente sur la coquille des escargots ou au mouvement d'un ruban…

L'image en action

OBJECTIF Tordre un matériau de façon circulaire.

- Montrer la photographie de l'œuvre aux élèves.
- Leur donner du fil de fer, du fil chenille, de longs boudins de papier aluminium, de la pâte à modeler.
- Leur demander de réaliser avec ces matériaux une œuvre semblable à celle de l'artiste.
- Les laisser expérimenter.
- Faire la mise au point en demandant aux élèves ayant réussi d'expliquer leur manière de procéder.

Production réalisée par des enfants de MS.

Images en réseau

Réseau sur les gestes circulaires continus.

Observer des œuvres représentant le geste circulaire

32 33 35

Cos 27 Le vent du voyage (1961), Yves Klein © Yves Klein / ADAGP, Paris 2014
Crédit photo Banque d'Images de l'ADAGP

Yves Klein (1928-1962)

35 COS 27 LE VENT DU VOYAGE (VERS 1961)

Pigment pur et résine synthétique sur toile.
93 x 74 cm. Collection privée.

Yves Klein est un plasticien français, rattaché aux mouvements de *l'avant-garde picturale de l'après-guerre* et du *Nouveau réalisme*. Sa carrière artistique a été courte, puisqu'elle commence en 1954 et s'achève à sa mort en 1962. L'œuvre au verso fait partie des *Cosmogonies*, dans lesquelles l'artiste tente de capturer sur la toile les traces du vent et de la pluie. Yves Klein mène à cette époque différentes expérimentations avec les éléments naturels. L'expérimentation fait partie intégrante de la démarche de cet artiste, dont les tableaux ne sont qu'une infime partie de l'œuvre. Comme il le dit lui-même : « Mes tableaux sont les *cendres* de mon art ».

L'image en questions

OBJECTIF Identifier un mouvement circulaire dans une œuvre d'art.

- **Quelle est la nature de cette image ?**
  C'est une reproduction d'une œuvre d'Yves Klein.
- **Que voit-on sur cette peinture ?**
  On voit plusieurs *tourbillons*.
- **Quelles couleurs l'artiste a-t-il utilisées ?**
  Il a utilisé du rose et du bleu.
- **Quel est le mouvement exercé par l'artiste dans cette œuvre ?**
  On voit qu'Yves Klein a effectué un geste circulaire : il a tourné plusieurs fois autour d'un même point.
- **À quoi font penser les traces ?**
  Elles font penser à des tourbillons, à des escargots...
- **Quel titre pourrait-on donner à cette œuvre ?**
  Les tourbillons, le vent, les traces du vent...

L'image en action

OBJECTIF Effectuer un geste circulaire.

- Placer un bouchon dans une barquette contenant du sable coloré. Tourner autour avec son doigt en effectuant un geste circulaire.

Production réalisée par un enfant de PS.

- Cette activité peut être reprise avec de la pâte à modeler : placer un bouchon sur un morceau de pâte étalé au préalable. Effectuer alors autour un geste circulaire en laissant une trace avec un outil : pic à brochette, dos du pinceau...

Production réalisée par un enfant de PS.

Pratiques en lien PÉRIODE 4

La ronde des couleurs pages 82-83

Images en réseau

Réseau sur les gestes circulaires continus.

Observer des œuvres représentant le geste circulaire

32 33 34

Réseau sur Yves Klein.

Découvrir Yves Klein et plusieurs des ses œuvres

2 11 62

Cercles (1966) Alexander Calder © Calder Foundation New York / ADAGP, Paris 2014
Crédit photo Centre Georges Pompidou, MNAM-CCI, Dist. RMN-Grand Palais / Philippe Migeat

Alexander Calder (1898-1976)

36 CERCLES (1966)

Gouache. 75 x 108 cm.
Musée national d'Art moderne
Centre Georges Pompidou, Paris.

Alexander Calder est un sculpteur et peintre américain mondialement connu pour ses mobiles et assemblages de formes en mouvement. À Paris, il se lie d'amitié avec d'importants artistes abstraits, dont Joan Miró et Piet Mondrian. En 1931, Alexander Calder rejoint le groupe *Abstraction-Création*. Il incorpore alors de la cinétique abstraite dans ses mobiles. L'artiste a également réalisé des œuvres statiques, dites *Stabiles* par opposition aux *Mobiles*. Inspiré par le *surréalisme* de Miró, Alexander Calder peint une série de gouaches avec une interaction de couleurs primaires et de formes géométriques et naturelles.

L'image en questions

OBJECTIF Identifier des ronds dans une œuvre d'art.

- **Quelle est la nature de cette image ?**
  C'est une reproduction d'un tableau peint par un artiste nommé Alexander Calder. L'artiste a peint sur la toile avec de la gouache.
- **Que voit-on sur ce tableau ?**
  On voit des ronds de quatre couleurs : jaune, bleu, rouge et noir. Ce sont les *couleurs pures* : les couleurs primaires et le noir. Les couleurs primaires sont des couleurs que l'on ne peut pas obtenir par mélange mais à partir desquelles il est possible d'obtenir d'autres couleurs.
- **De quelle couleur est le fond de cette toile ?**
  Le fond est blanc.
- **Que peut-on dire de la taille des ronds ?**
  Les ronds sont de différentes tailles : petits, moyens, grands.
- **Les ronds sont-ils pleins ou vides ?**
  Les ronds sont presque tous pleins : on dit que ce sont des disques. Seuls deux se distinguent : seul leur contour est coloré, avec quelques cernes noirs à l'intérieur.

L'image en action

OBJECTIF Réaliser un cercle fermé.

- Placer une corde sur le sol autour d'un petit cerceau.
- Réaliser un cercle avec cette corde, afin qu'elle entoure le cerceau.
- Faire de même avec des objets de plus en plus petits : disque, anneau, palet…
- Utiliser de la pâte à modeler pour entourer les petits objets.

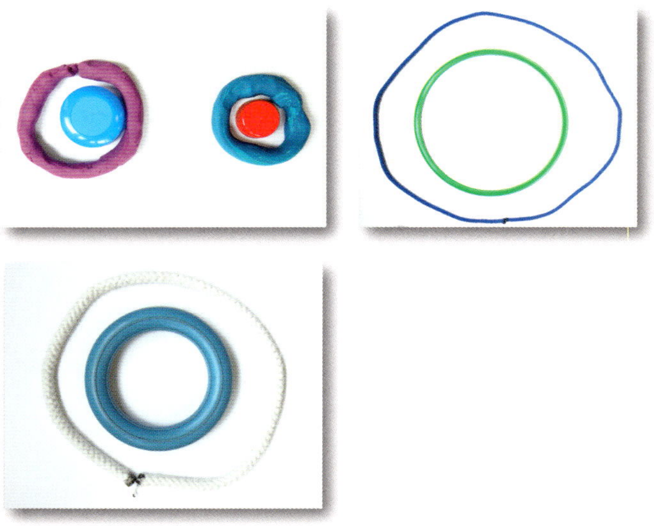

Productions réalisées par des enfants de MS.

Pratiques en lien PÉRIODE 4

Tourner en rond pages 84-85

Images en réseau

Réseau sur les ronds.

Comparer avec d'autres images contenant des ronds

37 38 39 40 41 L M N O

Several Circles (1926) Vassily Kandinsky © ADAGP, Paris 2014
Crédit photo © 2014. Photo Fine Art Images / Heritage Images / Scala, Florence

Vassily Kandinsky (1866-1944)

37 QUELQUES CERCLES (1926)

Several Circles
Huile sur toile. 140 x 140 cm.
Musée Solomon R. Guggenheim, New York.

Cette toile a été peinte lorsque Vassily Kandinsky enseignait à l'école d'art et d'architecture du *Bauhaus* à Weimar. À cette période, Kandinsky développe parallèlement sa théorie des couleurs et sa théorie de la forme. Pour cette dernière, il s'appuie sur l'analyse d'éléments singuliers comme le point, la ligne et la surface, ainsi que les rapports qui les unissent. Les éléments géométriques prennent de plus en plus d'importance, et le cercle, en tant que forme parfaite, occupe une place centrale dans ses tableaux de cette période. On remarque également ici, dans le chevauchement des cercles, sa recherche sur la transparence, ce qui n'est pas anodin puisque Kandinsky suivait un atelier de peinture sur verre à cette époque.

L'image en questions

OBJECTIF Identifier des ronds dans une œuvre d'art.

- **Quelle est la nature de cette image ?**
  C'est une reproduction d'un tableau peint par un peintre nommé Vassily Kandinsky. L'artiste a peint sur la toile avec de la peinture à l'huile.
- **Que voit-on sur cette image ?**
  On voit beaucoup de ronds de différentes couleurs et de différentes tailles.
- **Comment sont disposés les ronds sur le tableau ?**
  Certains ronds sont seuls, isolés dans un coin du tableau. D'autres se touchent, se chevauchent, se superposent.
- **Qu'observe-t-on autour des ronds ?**
  Certains ronds sont bordés d'un cercle noir et entourés d'une aura de couleur, comme s'il s'agissait du rayonnement d'un astre.
- **Les ronds sont-ils pleins ou vides ?**
  Les ronds sont presque tous pleins : on dit que ce sont des disques.
- **Que se passe-t-il lorsque deux ronds se chevauchent ?**
  Lorsque deux ronds se chevauchent, une nouvelle couleur se forme, comme si les ronds étaient légèrement transparents. On obtient alors une couleur moins vive, plus dégradée.
- **Quel titre pourrait-on donner à cette œuvre ?**
  Les ronds, les disques, les planètes, les balles, plein de ronds, beaucoup de disques…

L'image en action

OBJECTIF Colorier l'intérieur d'une surface.

- Tracer des cercles au crayon blanc sur une feuille noire.
- Remplir chacun des cercles avec des pastels secs de différentes couleurs.
- Réaliser alors de petits gestes circulaires à l'aide d'un mouchoir en papier sur la trace laissée par le pastel pour remplir le cercle.

Production réalisée par un enfant de PS.

OBJECTIF Réaliser une production graphique par collage.

- Remplir l'ensemble de la feuille avec de l'encre noire.
- Lorsque l'encre est sèche, tracer des cercles avec ou sans l'aide d'un gabarit sur du papier de couleur, puis les découper et les coller librement sur la production initiale.

Production réalisée par un enfant de MS.

Images en réseau

Réseau sur les ronds.
Comparer avec d'autres images contenant des ronds
36 38 39 40 41 L M N O

Réseau sur Vassily Kandinsky.
Découvrir Vassily Kandinsky et plusieurs de ses œuvres
18 31 53 54 55

Service Bristol: plateau Worcester (1880)
Crédit photo RMN-Grand Palais (musée d'Orsay) / Droits réservés

38 SERVICE BRISTOL : PLATEAU WORCESTER (1880)

Bristol (papier), impression par transfert, porcelaine phosphatique, manufacture de Worcester. 49,7 x46,6 x 2,8 cm. Musée d'Orsay, Paris.

Worcester est une marque de porcelaine anglaise de luxe, fondée en 1751. Le plateau en porcelaine au verso est une pièce issue d'un service Bristol datant de la fin du 19e siècle et conservée au musée d'Orsay à Paris. Il a été décoré par impression par transfert. Cette technique apparaît au milieu du 18e siècle et remplace les techniques de décoration à la main qui prédominaient jusqu'alors, répondant ainsi à une logique de mécanisation de l'industrie. Le bleu de cobalt était très utilisé à cette époque. La technique d'impression par transfert consiste à graver un motif sur une plaque de cuivre, à l'encrer puis à la presser sur un papier transfert. Ce papier est alors pressé sur la porcelaine, qui est ensuite mise au four.

L'image en questions

OBJECTIF Identifier des ronds dans une œuvre d'art.

- **Quelle est la nature de cette image ?**
  C'est une photographie d'un plateau en porcelaine.
- **À quoi sert cet objet ?**
  Il sert à porter de la nourriture et à la servir.
- **Quelles sont la forme et la couleur de ce plateau ?**
  Ce plateau est bleu et prend la forme d'une fleur à six pétales.
- **Que voit-on sur ce plateau ?**
  On voit beaucoup de ronds blancs et bleus qui se chevauchent.
- **Ces ronds sont-ils tous pareils ?**
  Non, ils sont de différentes tailles et présentent des motifs différents.
- **Certains ronds sont-ils décorés de la même manière ?**
  Oui, plusieurs comportent des croix, des quadrillages, des points…

L'image en action

OBJECTIFS Découper des cercles.
Réaliser une composition.

- Avec des emporte-pièces de forme ronde ou à l'aide de ciseaux, découper des cercles de différentes tailles et de différentes couleurs dans des prospectus, des catalogues, du papier cadeau, du papier peint.
- Les coller sur une assiette en carton de manière à ne pas laisser d'espace vide.
- Du vernis colle pourra alors être mis sur l'ensemble de l'assiette afin de la rigidifier.

Production réalisée par des enfants de MS.

OBJECTIF Réaliser des empreintes de ronds.

- Avec des tampons éponges de forme ronde, laisser les élèves remplir une assiette en carton en utilisant un camaïeu de bleu ou d'une autre couleur de gouache. Il est possible de vernir la production pour la rigidifier.

Production réalisée par des enfants de PS.

Pratiques en lien PÉRIODE 4

Cercle, ferme-toi ! pages 86-87

Images en réseau

Réseau sur les ronds.

Comparer avec d'autres images contenant des ronds

36 37 39 40 41 L M N O

The Nemesis of Nations (2008) Barthi Kher © 2008 Bharti Kher
Crédit photo Serpentine Gallery / Sylvain Deleu

Bharti Kher (née en 1969)

39 THE NEMESIS OF NATIONS (2008)

Stickers sur panneaux peints.
173 x 311 cm.
Photographie couleur de Sylvain Deleu.

Bharti Kher est une artiste indienne. Son travail fait largement usage de bindis. Lors d'une cérémonie religieuse pour une union ou en guise de bienvenue, les bindis sont posés sur le front entre les deux sourcils. Traditionnellement réalisés à l'aide de pigments, ils sont aujourd'hui fabriqués en autocollant vinyle et constituent un véritable phénomène de mode. L'artiste les utilise et s'en inspire pour créer des compositions picturales sur panneaux. Bharti Kher se sert de cet ornement telle une signature artistique, qui fait écho aux questions d'identité et de culture qui sous-tendent son art.

L'image en action

OBJECTIF Peindre des cercles concentriques.

- Afficher l'œuvre. La regarder attentivement.
- Les élèves disposent d'une feuille, de gouache et de pinceaux. Aucune consigne spécifique n'est donnée.
- Ils peignent librement en s'en inspirant.

Productions réalisées par des enfants de MS et de GS.

L'image en questions

OBJECTIF Identifier des formes sur une œuvre.

- **Quelle est la nature de cette image ?**
  C'est une photographie d'une œuvre d'art créée par l'artiste indienne Bharti Kher. Pour la réaliser, elle a peint un fond et a utilisé des stickers : ce sont des autocollants qui peuvent avoir différentes formes.
- **Quelles sont les couleurs utilisées par l'artiste ?**
  L'artiste a pratiquement utilisé toutes les couleurs : noir, jaune, bleu, rose, rouge, blanc, vert…
- **Quelles formes voit-on sur cette œuvre ?**
  On voit des disques et des cercles.
- **Les formes ont-elles toutes la même taille ?**
  Non, il y a des cercles et des disques de différentes tailles.
- **Comment sont disposés les cercles et les disques ?**
  Certains cercles sont placés *les uns autour des autres*. On appelle cela des cercles concentriques. D'autres cercles et disques se superposent. Ils sont les uns sur les autres.
- **Comment pourrait-on appeler cette œuvre ?**
  Les cercles en folie, disques et ronds de toutes les couleurs, la joie…
  L'artiste Bharti Kher n'a pas donné de nom à cette œuvre, mais elle s'est inspirée de bindis pour la réaliser. Il s'agit d'un petit bijou que les femmes hindoues arborent entre leurs sourcils pour porter bonheur. Il est possible de montrer des photographies de bindis aux élèves.

Images en réseau

Réseau sur les ronds.

Comparer avec d'autres images contenant des ronds

36 37 38 40 41 L M N O

L'heure de tous (1985) Arman © ADAGP, Paris 2014
Crédit photo Luc Boegly / Artedia / Leemage

Armand Fernandez, dit Arman (1928-2005)

40 L'HEURE DE TOUS (1985)

Accumulation d'horloges en bronze soudées. H. 4,6 m. Gare Saint-Lazare, Paris. Photographie couleur de Luc Bœgly.

Cette œuvre d'Arman, située dans la cour du Havre de la Gare Saint-Lazare à Paris, est une sculpture réalisée suite à une commande de la ville de Paris. L'artiste y met en œuvre le procédé de l'accumulation : le même objet est empilé plusieurs fois à l'envi. Arman a réalisé une centaine d'œuvres monumentales pour lesquelles il utilise ce procédé, tentant à chaque fois de traduire l'esprit du lieu où elles se trouvent en choisissant un objet. Le choix d'un empilement d'horloges près d'une gare n'est pas anodin car l'horloge est un objet emblématique de ce lieu marqué par le temps qui passe.

L'image en questions

OBJECTIF Identifier des ronds dans une sculpture. Distinguer un objet du quotidien d'une œuvre d'art.

- **Quelle est la nature de cette image ?**
  C'est une photographie en couleur d'une sculpture d'Arman. Une sculpture est une œuvre d'art en volume qui peut être construite en différents matériaux. La personne qui crée une sculpture est un sculpteur.
- **De quoi cette sculpture est-elle constituée ?**
  Elle est constituée d'une multitude d'horloges entassées les unes sur les autres.
- **À quoi servent habituellement les horloges ?**
  Elles servent à donner l'heure.
- **Dans quels cas deux horloges donnent-elles une heure différente ?**
  L'heure n'est pas partout la même dans le monde. Elle change selon le pays dans lequel on se trouve. En Asie, les horloges indiquent plusieurs heures de plus qu'en France, tandis qu'aux États-Unis, elles indiquent plusieurs heures de moins. Deux horloges peuvent donc indiquer une heure différente si elles sont dans des pays différents.
- **Les horloges de cette sculpture se situent-elles dans des pays différents ?**
  Non. Elles se situent au même endroit. Elles devraient donc donner la même heure.
- **À quoi servent ces horloges si elles ne servent pas à indiquer l'heure ?**
  Elles ne servent pas à répondre à un besoin précis, comme le permettent habituellement les objets du quotidien. Elles constituent une œuvre d'art. Généralement, les œuvres d'art sont faites pour être observées, admirées, analysées. Elles permettent de s'interroger sur quelque chose. Ici, l'artiste a voulu créer une horloge universelle, qui indique toutes les heures.
- **Comment pourrait-on nommer cette œuvre d'art ?**
  Le tas d'horloges, les horloges sans heure, l'heure multiple…
  Le nom donné par l'artiste à son œuvre est *L'heure de tous*.

L'image en action

OBJECTIF Réaliser une composition en volume à partir d'objets ronds.

- Chercher de petits objets de récupération de forme ronde : bouchons, boutons, billes, marrons, joints en plastique, jetons ronds, rondelles en métal, perles rondes…
- Réaliser une production en volume en les assemblant à l'aide d'un socle en pâte à modeler.

Productions réalisées par des enfants de GS.

Images en réseau

Réseau sur les ronds.
Comparer avec d'autres images contenant des ronds
36 37 38 39 41 L M N O

Réseau sur Arman.
Découvrir Arman et plusieurs de ses œuvres
4 5 41 N O

Sans titre (2000) Arman © ADAGP, Paris 2014
Crédit photo Banque d'Images de l'ADAGP

Armand Fernandez,
dit Arman (1928-2005)

41 SANS TITRE (2000)

Inclusion de jetons du Casino de Nice «Palais de Méditerranée» dans du polyester.
39,5 x 30 x 5,5 cm.

L'œuvre au verso est une *accumulation* réalisée par Arman. Ce procédé dont il est l'inventeur consiste à empiler, entasser, multiplier des objets sur une surface ou dans un espace donné. Dès le début des années 1960, l'artiste utilise le polyester comme colle pour ses *accumulations*. Cette matière transparente lui permet non seulement de maintenir les objets accumulés entre eux, mais aussi de les englober, de les figer dans le temps et dans l'espace tout en leur laissant leurs caractéristiques propres, les rendant ainsi témoins d'un lieu ou d'une époque. Ici, Arman a accumulé des jetons du Casino de Nice, ville dans laquelle il est né.

L'image en questions

OBJECTIF Identifier les objets présents dans une œuvre d'art.

- **Quelle est la nature de cette image ?**
  C'est une photographie en couleur d'une sculpture d'Arman. Une sculpture est une œuvre d'art en volume qui peut être construite en différents matériaux. La personne qui crée une sculpture est un sculpteur.

- **Quels objets y reconnaît-on ?**
  On voit des jetons de forme ronde. Il s'agit de jetons de casino.

- **Qu'y a-t-il écrit sur ces jetons ?**
  Sur chaque jeton est écrit un nombre. Sur les jetons jaunes, on trouve le chiffre 5, sur les petits jetons roses est écrit le chiffre 2, sur les jetons oranges c'est le nombre 10, sur les jetons violets on voit le nombre 20 et sur les grands jetons roses est écrit le nombre 100.

- **Comment ces jetons tiennent-ils tous ensemble ?**
  Ces jetons sont entourés d'un plastique transparent : le polyester.

- **Comment pourrait-on appeler cette œuvre ?**
  Les jetons de casino, le cadre à jetons, souvenir du casino, on a gagné !...

L'image en action

OBJECTIF Réaliser des collections d'objets ronds.

- Chercher des objets de récupération de petites tailles et de forme ronde : boutons, bouchons, balles, jetons, capsules de bouteilles, marrons, boules de cotillon, capsules...
- Réaliser des boîtes à ronds en plaçant ces collections dans des bocaux ou dans des pochettes en plastique.

Collection réalisée par des enfants de PS.

Images en réseau

Réseau sur les ronds.
Comparer avec d'autres images contenant des ronds
36 37 38 39 40 L M N O

Réseau sur Arman.
Découvrir Arman et plusieurs de ses œuvres
4 5 40 N O

Échelles (2014) Cihan Serdaroglu © ACCÈS Éditions

Cihan Cerdaroglu (né en 1956)

42 ÉCHELLES (2014)

Photographies en couleur

Objets de la vie courante, les échelles sont intéressantes à observer car elles peuvent facilement être décrites et reproduites par les enfants. Elles constituent un assemblage de deux graphismes simples : les traits verticaux et les traits horizontaux. Les échelles sont parmi les premiers objets que les enfants peuvent dessiner sans trop de difficulté, une fois qu'ils sont capables de se représenter mentalement la disposition des montants et des barreaux et qu'ils arrivent à freiner leur geste.

L'image en questions

OBJECTIF Percevoir la structure d'une échelle.

- **Quelle est la nature de ces deux images ?**
  Ce sont des photographies de plusieurs échelles.
- **À quoi servent ces objets ?**
  Ces objets servent à atteindre un lieu en hauteur, inaccessible autrement.
- **Quelles sont les différences entre les différentes échelles photographiées ?**
  Les échelles photographiées ne sont ni de la même matière ni de la même couleur. L'une est noire, en métal, l'autre est blanche, en bois peint. Leur principale différence est leur taille : la noire est bien plus grande. Elle compte plus de barreaux que la blanche.
- **De quoi est constituée une échelle ?**
  Une échelle est constituée de deux montants verticaux et de barreaux horizontaux.
- **Comment pourrait-on dessiner une échelle ?**
  Pour dessiner une échelle, il faudrait tracer deux longs traits verticaux et les relier par plusieurs traits horizontaux courts espacés à peu près de la même manière.

L'image en action

OBJECTIF Réaliser des échelles.

- Construire des échelles en volume à partir de jeux de construction : légos, kaplas, clippo, duplo, poli M, clic clac magnets (barres en plastique aimantées), planchettes en plastiques, écrous et vis…

Productions réalisées par des enfants de PS.

- Construire des échelles à plat à partir des clous en plastique et d'une grille, du jeu des marteaux et des clous, avec les pions du *Maxicoloredo*…

Productions réalisées par des enfants de MS.

Pratiques en lien PÉRIODE 5

Montez à l'échelle pages 94-95

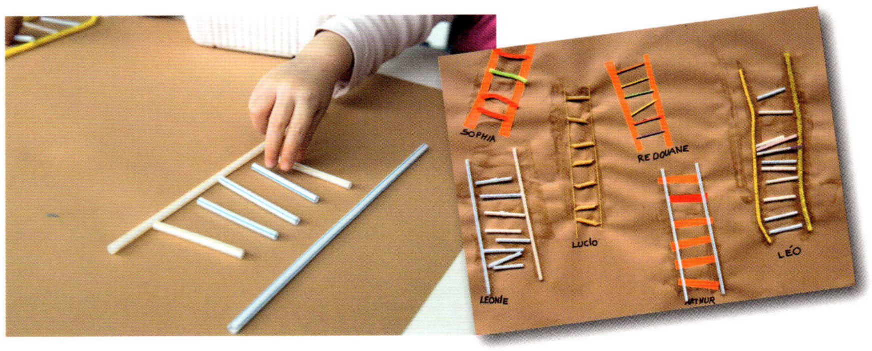

Images en réseau

Réseau sur les échelles.

Comparer avec d'autres images présentant des échelles

43 44 45 46 56 P Q R S T

L'air vibre du bourdonnement des insectes (1970) Pier Paolo Calzolari © Pier Paolo Calzolari, droits réservés
Crédit photo Centre Pompidou, MNAM-CCI, Dist. RMN-Grand Palais / Philippe Migeat

Pier Paolo Calzolari (né en 1943)

43 L'AIR VIBRE DU BOURDONNEMENT DES INSECTES (1970)

L'aria vibra del ronzio degli insetti
Trois plaques de plomb, échelle en cuivre, laiton, acier, moteur frigorifique et tubulures en cuivre, néon bleu et transformateur. 287 x 297 x 90 cm. Musée national d'art moderne – Centre Georges Pompidou, Paris.

Pier Paolo Calzolari est un sculpteur italien. Il est l'un des représentants les plus importants du mouvement de *l'Arte Povera*. Les artistes de ce mouvement critiquent l'industrie culturelle et la société de consommation et proposent une réponse au *Pop Art* américain. Ils utilisent des matériaux bruts, peu connotés artistiquement, et travaillent sur l'éphémère en privilégiant le geste créateur par rapport à l'objet fini.
Pier Paolo Calzolari utilise des objets du quotidien, ici une échelle, et les transforme en matériaux artistiques. L'œuvre au verso appartient au cycle des *structures givrantes* : devant un mur sur lequel est écrit le nom de l'œuvre en lettres de néon, l'échelle en cuivre placée sur des plaques de plomb est reliée à un moteur frigorifique, qui émet le bourdonnement évoqué dans le titre, et rend le métal si froid que l'échelle se recouvre de givre. Cette transformation de l'eau en givre, phénomène éphémère, ainsi que la symbolique des matériaux utilisés et le mouvement ascendant de l'échelle, permettent à l'artiste de proposer une ascension mentale et de chercher ainsi à atteindre le sublime.

L'image en questions

OBJECTIF Distinguer un objet du quotidien d'une œuvre d'art.

- **Quelle est la nature de cette image ?**
  C'est une photographie d'une installation contemporaine. Une installation est une œuvre qui regroupe des éléments agencés dans un espace donné.
- **Qu'y voit-on ?**
  On y voit une échelle blanche au milieu d'une pièce vide.
- **Dans quel lieu se trouve cette échelle ? Est-ce un lieu habituel pour une échelle ?**
  Elle se trouve dans un musée. Habituellement, les échelles sont des objets du quotidien, fabriqués pour permettre aux gens d'atteindre un lieu en hauteur, inaccessible autrement. Ici, l'échelle n'a pas cette utilité.
- **Peut-on monter sur cette échelle ? Pourquoi ?**
  On ne peut pas monter sur cette échelle, car elle n'est pas posée contre un mur et qu'elle ne mène nulle part. C'est une œuvre d'art. Généralement, les œuvres d'art sont faites pour être observées, admirées, analysées. Elles permettent de s'interroger sur quelque chose. Elles ne servent pas à accomplir une action précise, comme le permettent les objets du quotidien.
- **Cette échelle a-t-elle une forme habituelle pour une échelle ?**
  Non, ses montants ainsi que ses barreaux sont courbés. Les barreaux sont espacés de manière non régulière, contrairement à ceux d'une échelle classique. C'est comme si l'échelle avait été courbée. De plus, elle tient en équilibre sur un montant unique, comme si elle perdait l'équilibre, ou cherchait à se déplacer. Son mouvement n'est pas figé, on dirait qu'elle bouge.

L'image en action

OBJECTIF Modeler une échelle.

- Dans un premier temps, les élèves réalisent une échelle avec de la pâte à modeler. Ils la posent verticalement afin qu'elle tienne debout.
- Faire une mise en commun pour qu'ils expliquent à tour de rôle leur manière de procéder.
- Laisser alors si besoin un deuxième temps pendant lequel les élèves pourront à nouveau essayer de réaliser l'échelle en ayant la solution.
- Lorsque les élèves ont réussi, donner à chacun un morceau de pâte durcissante afin de réaliser la production finale.
- Lorsqu'elle est sèche, on pourra coller l'échelle à la verticale sur un morceau de carton.

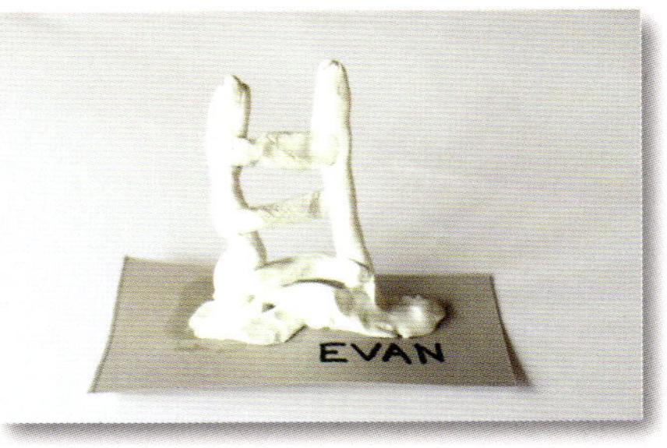

Productions réalisées par des enfants de MS.

Images en réseau

Réseau sur les échelles.

Comparer avec d'autres images présentant des échelles

42 44 45 46 56 P Q R S T

Couple toile outil échelle. Empreintes polychromes (1973) Christian Jaccard © ADAGP, Paris 2014
Crédit photo Banque d'Images de l'ADAGP

Christian Jaccard (né en 1939)

44 COUPLE TOILE OUTIL ÉCHELLE EMPREINTES POLYCHROMES (1973)

Encre sur pigment et acrylique sur toile, chanvre.
390 x 103 cm.
Collection privée.

Christian Jaccard est un plasticien suisse et français, auteur du *concept supranodal* : il pense que l'univers ne peut s'abstraire des nœuds, sous une forme ou sous une autre. Cet artiste travaille à partir d'objets qu'il nomme *outils*. Ces objets remplacent le pinceau pour produire des traces sur la toile. Pour réaliser ces traces, Christian Jaccard trempe les objets dans la peinture puis les applique sur la toile, ou presse la toile contre l'objet grâce à un rouleau. L'objet utilisé ici est une échelle en corde constituée de nœuds, qui a servi à imprimer la toile. Avec cette œuvre, Christian Jaccard étudie le rapport entre la toile et l'outil.

L'image en questions

OBJECTIF Distinguer un objet de sa représentation.

- **Quelle est la nature de cette image ?**
  C'est une photographie en couleur d'une œuvre d'art. Elle a été prise par un photographe. C'est une personne dont le métier consiste à prendre des photographies avec un appareil photo.
- **Que voit-on sur cette photographie ?**
  On voit une toile représentant une échelle, une échelle en corde et un homme.
- **Où a été prise cette photographie ?**
  Elle a certainement été prise dans un musée, comme le font penser les grands murs blancs sur lesquels sont disposées les échelles.
- **En quoi sont faites ces échelles ?**
  L'échelle de droite est faite en corde, celle de gauche est peinte avec de la peinture acrylique et de l'encre.
- **De quelles couleurs sont-elles ?**
  L'échelle en corde est rouge tandis que l'échelle peinte est violette sur fond rose.
- **Quelle différence y a-t-il entre ces deux échelles ?**
  L'une des échelles est un objet en trois dimensions, que l'on peut toucher, qui a une profondeur. L'autre est une échelle représentée sur une toile, en deux dimensions, qui n'est pas l'objet réel mais sa représentation.
- **Peut-on monter sur ces échelles ? Pourquoi ?**
  On ne peut pas monter sur ces échelles. L'une est peinte et n'a pas de véritables barreaux sur lesquels on puisse monter. L'autre est simplement posée contre un mur, sans but précis à atteindre, ne menant nulle part. Ces échelles constituent une œuvre d'art et ne sont pas utilisées comme des échelles habituelles. Généralement, les œuvres d'art sont faites pour être observées, admirées, analysées. Elles permettent de s'interroger sur quelque chose. Elles ne servent pas à accomplir une action précise, comme le permettent les objets du quotidien.

L'image en action

OBJECTIF Réaliser des empreintes négatives d'échelles.

- Dans un premier temps, réaliser des échelles avec des bandes en carton. L'adulte pourra agrafer les extrémités.
- Poser les échelles sur une feuille blanche.
- Placer de la gouache liquide dans un vaporisateur. Pulvériser de la peinture sur la surface où a été placée l'échelle.
- Enlever l'échelle en carton et observer l'empreinte négative.
- En GS, il est possible d'utiliser la technique de la brosse à dents.
- Il est possible de réaliser une production collective en collant les différentes échelles sur une même feuille.

Production réalisée par des enfants de MS.

OBJECTIF Réaliser des empreintes positives d'échelles.

- Réaliser à plat une échelle avec de la pâte à modeler.
- Recouvrir l'échelle de gouache à l'aide d'un pinceau.
- Poser une feuille colorée sur l'échelle en exerçant une légère pression.
- Soulever la feuille et observer l'empreinte.

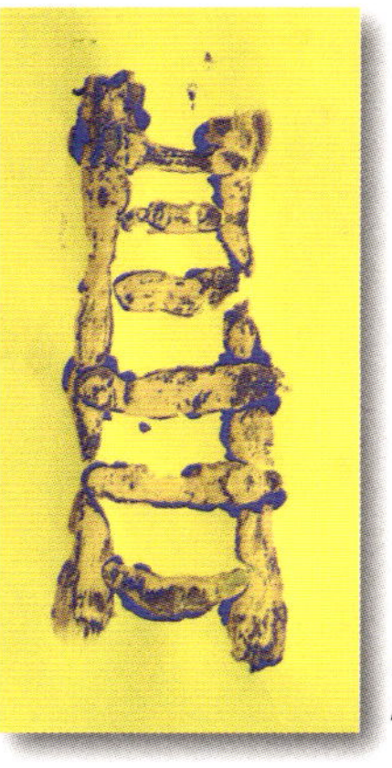

Production réalisée par des enfants de GS.

Images en réseau

Réseau sur les échelles.

Comparer avec d'autres images présentant des échelles

42 43 45 46 56 P Q R S T

Joan Miró photographié dans son studio de Palma de Majorca (1978) © Successió Joan Miró / ADAGP, Paris 2014
Crédit photo AP 1978

Joan Miró (1893-1983)

45 PORTRAIT DE JOAN MIRÓ (1978)

Photographie couleur.

Joan Miró est un artiste surréaliste espagnol. Son œuvre reflète son attrait pour le subconscient, l'onirisme et revêt un caractère volontairement naïf et enfantin. Il utilise dans son œuvre des motifs récurrents, qui symbolisent certaines de ses préoccupations. L'échelle est l'un de ces motifs, que l'on retrouve dans de nombreuses toiles. Elle symbolise l'évasion, le lien entre la terre et le ciel et traduit le désir de Joan Miró d'échapper à l'angoisse du monde terrestre et de la mort.

L'image en questions

OBJECTIF Découvrir un artiste qui représente des échelles dans ses œuvres.

- **Quelle est la nature de cette image ?**
  C'est une photographie en couleur. Elle a été prise par un photographe. C'est une personne dont le métier consiste à prendre des photographies avec un appareil photo.
- **Que voit-on ?**
  On voit l'artiste Joan Miró devant plusieurs de ses toiles.
- **Où la photographie a-t-elle été prise ?**
  La photographie a été prise dans l'atelier de Joan Miró : c'est l'endroit où il travaille.
- **Quel est l'objet qui se trouve derrière Joan Miró, au milieu des toiles ?**
  Il s'agit d'un escabeau : c'est une sorte d'échelle qui n'a pas besoin d'être accrochée ou posée contre un mur pour tenir debout, car elle repose sur deux montants.
- **À quoi lui sert cet objet ?**
  L'escabeau sert à l'artiste pour peindre de grandes toiles. Il l'utilise pour s'élever, pour être aussi grand que ses toiles, qui peuvent atteindre des dimensions importantes. Joan Miró peint souvent des échelles dans ces tableaux. C'est pour lui une manière métaphorique de s'élever, de s'évader de la terre pour aller vers le ciel.
- **Joan Miró était-il conscient d'être pris en photo ?**
  Certainement pas. Joan Miró ne regarde pas le photographe, il ne pose pas. Son regard est attiré par quelque chose qui se trouve à l'extérieur du champ de l'appareil photo. On ne sait pas ce qu'il regarde, il a été *pris sur le vif*, à un moment où il ne s'y attendait pas.

L'image en action

OBJECTIF Adopter une posture d'artiste.

- Prendre la pose devant ses productions.

OBJECTIF Imaginer et représenter l'atelier d'un artiste.

- Après avoir défini collectivement ce qu'est un atelier, imaginer et dessiner l'atelier d'un artiste à l'aide de feutres.

Production réalisée par un enfant de GS.

Images en réseau

Réseau sur Joan Miró.
Découvrir Joan Miró et plusieurs de ses œuvres
46 P Q

Réseau sur les échelles.
Comparer avec d'autres images présentant des échelles
42 43 44 46 56 P Q R S T

Réseau sur les portraits d'artistes.
Découvrir d'autres portraits d'artistes
4 12 15 25 53 61 62

Chien aboyant à la lune (1926) Joan Miró © Successió Miró / ADAGP, Paris 2014
Crédit photo Successió Miró

Joan Miró (1893-1983)

46 CHIEN ABOYANT À LA LUNE (1926)

Huile sur toile. 73x92,1 cm.
Museum of Art, Philadelphie. USA.

L'échelle est un motif récurrent dans l'œuvre de Joan Miró, surtout dans ses peintures des années 1920. Elle symbolise l'évasion, le lien entre la terre et le ciel et traduit son désir d'échapper à l'angoisse du monde terrestre et de la mort. Dans *Chien aboyant à la lune*, l'échelle occupe une place très importance. Elle traverse le côté gauche de la toile de bas en haut, réunissant ainsi la terre et le ciel. Le fond de la toile est très sombre et rend la limite entre le ciel et la terre difficilement perceptible, ce qui procure une sensation de vide et d'infini. Les figures bimorphiques de la lune et du chien ressortent sur ce fond grâce à l'utilisation des couleurs primaires et du blanc, tandis que le haut de l'échelle se confond avec le fond, donnant l'impression de se fondre dans la nuit.

L'image en questions

OBJECTIF Identifier une échelle dans une œuvre d'art.

- **Quelle est la nature de cette image ?**
  C'est une reproduction d'une toile de Joan Miró.
  L'artiste a peint sur la toile avec de la peinture à l'huile.
- **Que reconnaît-on sur cette toile ?**
  Cette toile montre trois éléments : un chien, une échelle et la lune.
- **Quelles sont les couleurs utilisées par l'artiste ?**
  Le fond est noir et marron foncé. Les montants de l'échelle sont jaunes et blancs, ses barreaux sont rouges. Le chien et la lune sont blancs, noirs, rouges, jaunes et bleus.
- **À quel moment se passe la scène représentée sur cette toile ?**
  Elle se passe la nuit. C'est pour cela que l'on voit la lune et que le fond est très sombre : le ciel est peint en noir et la terre est peinte en marron très foncé.
- **Qu'a de particulier cette échelle ?**
  Ses montants ne sont pas parallèles. Les barreaux sont de plus en plus petits, comme si le haut de l'échelle s'éloignait de nous.
- **Vers où se dirige l'échelle ?**
  Elle semble s'éloigner et se diriger vers le ciel.

L'image en action

OBJECTIF Tracer une échelle.

- Dessiner un paysage librement en utilisant des crayons de couleur et des feutres.
- Lorsque le dessin est terminé, cacher une échelle dans le décor à la manière de l'artiste.

Production réalisée par des enfants de MS.

- Les œuvres obtenues pourront être affichées en classe. Les élèves devront retrouver l'échelle sur le dessin de leurs camarades.

Pratiques en lien PÉRIODE 5

En haut de l'échelle pages 96-97

Images en réseau

Réseau sur les échelles.

Comparer avec d'autres images présentant des échelles

42 43 44 45 56 P Q R S T

Réseau sur Joan Miró.

Découvrir Joan Miró et plusieurs de ses œuvres

45 P Q

Jeu

Échelle où es-tu ?

Ce jeu consiste à rechercher les échelles dans différentes œuvres de Joan Miró.

Visage (vers 1950-1960) Frédérique-Françoise Bourguet et Isabelle Ferlay © Droits réservés
Crédit photo RMN-Grand Palais (Sèvres, Cité de la céramique) / Martine Beck-Coppola

Frédérique-Françoise Bourguet (1925-1997) et Isabelle Ferlay (née en 1917)

47 VISAGE (VERS 1950-1960)

Faïence.
18,3 x 14,8 cm.
Cité de la céramique, Sèvres.

Frédérique Bourguet et Isabelle Ferlay sont deux céramistes françaises qui ont créé un atelier de céramique baptisé *Les argonautes* à Vallauris dans le Var. Dans les années 1950, les deux artistes produisent beaucoup de plaques décoratives en bas ou haut relief. La pièce de faïence au verso a été gravée pour représenter un visage souriant entouré de rayons qui font penser à un soleil. La faïence est une des techniques les plus anciennes utilisées en céramique. C'est une terre cuite à base d'argile recouverte d'émail.

L'image en questions

OBJECTIF Identifier un soleil dans une œuvre en volume.

- **Quelle est la nature de cette image ?**
  C'est une photographie d'une faïence : c'est une terre cuite à base d'argile.
- **Qu'est-ce qui est représenté sur cette faïence ?**
  Il s'agit à la fois d'un visage constitué d'une bouche, d'un nez et de deux yeux, et d'un soleil, constitué d'un rond et de rayons en forme de triangles.
- **Quelles sont les couleurs utilisées par les céramistes ?**
  Le fond est ocre, le visage est rouge brique et les rayons sont blancs. Le nez est vert et les yeux et la bouche sont blancs.
- **Ce visage exprime-t-il la joie ou la tristesse ?**
  Ce visage exprime une grande joie : il est très souriant. Les rayons qui l'entourent donnent l'impression qu'il brille comme un soleil. On peut dire que ce visage est *rayonnant*.
- **Comment sont disposés les rayons ?**
  Les rayons sont disposés tout autour du visage. Ils partent du cercle qui constitue le visage pour aller vers l'extérieur.

L'image en action

OBJECTIF Graver un soleil.

- Dans un premier temps, fabriquer de la pâte à sel et lui donner une forme ronde.
- Graver un soleil avec un visage sur le disque.
- La pâte sera alors cuite ou mise à sécher sur un radiateur.
- Dans un second temps, peindre le soleil en pâte à sel avec de la gouache et des pinceaux. Celui-ci pourra être verni.

Productions réalisées par des enfants de MS.

Pratiques en lien PÉRIODE 5

1, 2, 3 Soleil ! pages 98-99

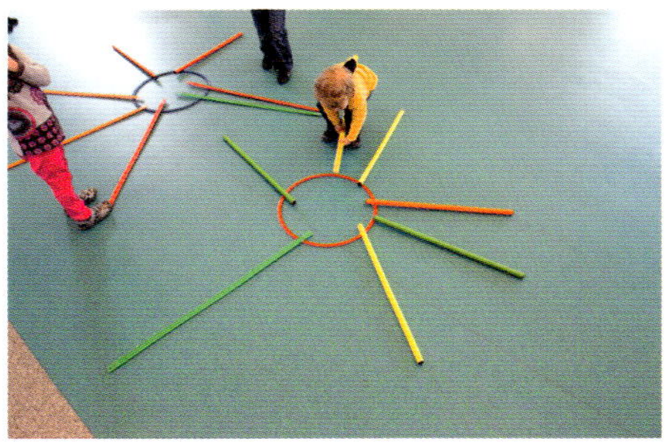

Images en réseau

Réseau sur les soleils.
Comparer des soleils dans différentes œuvres
48 49

Le voyage à travers l'impossible (1904-1905) Georges Méliès © ADAGP, Paris 2014
Crédit photo Banque d'Images de l'ADAGP

Georges Méliès (1861-1938)

48 LE VOYAGE À TRAVERS L'IMPOSSIBLE (1904-1905)

Photogramme couleur.

Ce soleil est issu du film de Georges Méliès *Le voyage à travers l'impossible* réalisé en 1904. Georges Meliès est considéré comme l'inventeur des premiers trucages du cinéma. Magicien de profession, il est le premier à tourner des films dans un studio équipé d'une machinerie de théâtre. Pour réaliser ce soleil, Georges Méliès a eu recourt à un trucage nommé *surimpression* qui lui permet d'obtenir un soleil doté d'un visage humain, personnifiant ainsi l'astre. Celui-ci ouvre la bouche pour bâiller au moment où un train venant de la terre se dirige vers lui. Le véhicule entre alors dans la bouche du soleil, ce qui provoque une énorme explosion, dont les personnages principaux ressortent miraculeusement indemnes.

L'image en questions

OBJECTIF Identifier un soleil dans une œuvre d'art.

- **Quelle est la nature de cette image ?**
  C'est un photogramme : c'est l'une des photographies constituant un film sur pellicule. Il y a généralement vingt-quatre photogrammes par seconde. Ce photogramme était en noir et blanc, il a été coloré à la main.
- **Que voit-on sur ce photogramme ?**
  On voit un soleil avec un visage entouré de nuages.
- **De quelle couleur est ce soleil ?**
  Il est doré.
- **De quoi est-il constitué ?**
  Il est constitué d'un visage de forme ronde ainsi que de rayons qui prennent la forme de lignes courbes.
- **Quelle est l'expression du visage du soleil ?**
  La bouche est grande ouverte et les yeux sont fermés, comme s'il baîllait de fatigue.
- **À quoi ressemble ce soleil ? Est-ce normal pour un soleil ?**
  Ce soleil ressemble à un humain. Il a un visage, comme s'il était un personnage du film. On dit qu'il est *personnifié*.

L'image en action

OBJECTIF Construire des soleils.

- Lors d'une sortie, ramasser des petits matériaux naturels (petites branches, feuilles, cailloux, tiges...).
- Les peindre avec de la peinture de couleur or.
- Confectionner alors des soleils en volume en les posant sur un fond noir.
- Réaliser une petite exposition éphémère sur table.
- Il est également possible de réaliser un grand soleil collectif.

Productions réalisées par des enfants de MS.

Pratiques en lien PÉRIODE 5

Soleil de plomb pages 100-101

Images en réseau

Réseau sur les soleils.

Comparer des soleils dans différentes œuvres

47 49

Sinaloa (2002) Max Heiden

Max Haydenblit Pachter,
dit Max Heiden (né en 1929)

49 SINALOA (2002)

Huile sur toile. 50 x 60 cm.

Max Heiden est un peintre mexicain. Il fait partie du mouvement artistique de l'*art optique*, au même titre que Victor Vasarely ou Agam Yaacov. Ce mouvement exploite la faillibilité de l'œil en développant les illusions d'optique et en cherchant à jouer sur la perception visuelle des spectateurs. L'œuvre au verso porte le nom d'un état mexicain. Elle est construite géométriquement autour d'un point central, d'où partent des rayons. Le résultat fait penser à un soleil multicolore qui semble rayonner à l'infini.

L'image en questions

OBJECTIF Identifier un soleil dans une œuvre d'art.

- **Quelle est la nature de cette image ?**
  Il s'agit d'une reproduction d'une œuvre de Max Heiden. L'artiste a peint sur la toile avec de la peinture à l'huile.
- **Que représente cette œuvre ?**
  On peut penser qu'elle représente un soleil, car elle comporte des ronds en son centre d'où partent des rayons.
- **Quelles sont les couleurs utilisées par l'artiste ?**
  L'artiste a utilisé du rouge, de l'orange et du jaune au centre de l'œuvre et de l'orange à l'extrémité des rayons. Le fond est violet tandis qu'une grande partie de la toile est occupée par du vert, de plusieurs nuances. Il y a également des rayons gris.
- **L'artiste a-t-il peint les rayons au hasard ?**
  Non, leur disposition est organisée de manière géométrique. Les rayons partent du centre et fonctionnent deux par deux : pour chaque rayon, on peut trouver un rayon parfaitement identique, situé sur le même axe mais allant dans le sens opposé.
- **D'où partent les différents rayons ?**
  Ils partent des ronds placés au centre, donnant ainsi l'impression que plusieurs soleils se superposent. Du premier rond orange partent huit rayons gris. Du second rond jaune partent huit autres rayons gris et du cercle rouge partent des rayons vert clair.

L'image en action

OBJECTIF Tracer un soleil.

- Placer un peu de peinture acrylique au centre d'une feuille colorée. L'étaler afin de former un petit cercle.
- Réaliser trois auréoles autour du disque central à l'aide des tubes de trois couleurs d'acrylique différentes. Cette tâche est réalisée par l'adulte.
- Étaler, étirer alors la peinture à l'aide d'une spatule du centre vers l'extérieur de la feuille.

Production réalisée par des enfants de MS.

Pratiques en lien PÉRIODE 5

Sous le soleil pages 102-103

Images en réseau

Réseau sur les soleils.

Comparer des soleils dans différentes œuvres

47 48

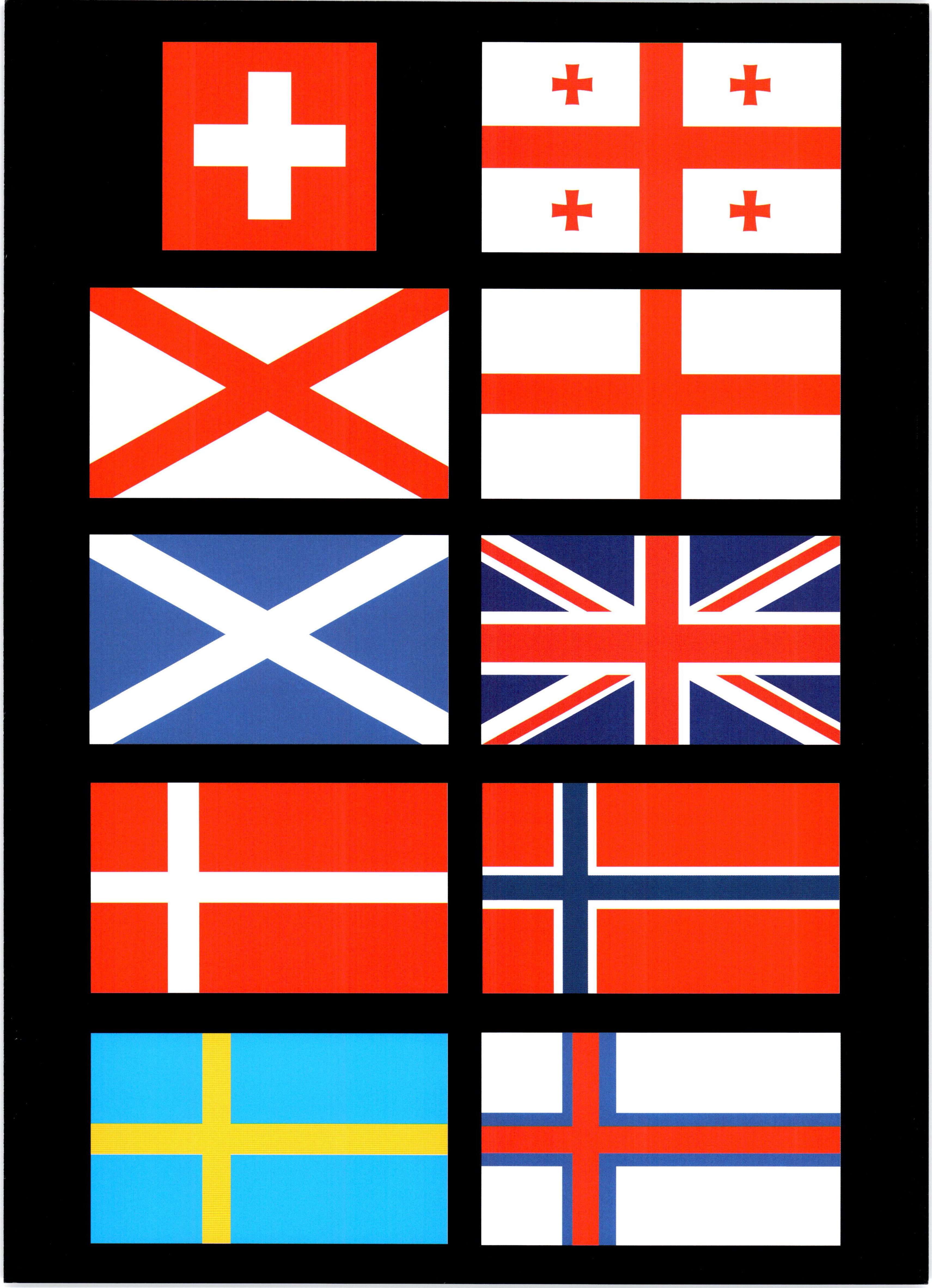

50 DRAPEAUX AVEC CROIX

De gauche à droite et de haut en bas : drapeaux de la Suisse, de la Géorgie, de l'Irlande, de l'Angleterre, de l'Écosse, du Royaume-Uni, du Danemark, de la Norvège, de la Suède et des Îles Féroé.

Plusieurs drapeaux comportent une ou plusieurs croix. Les couleurs utilisées pour les drapeaux symbolisent souvent la géographie ou l'histoire du pays. Parmi les drapeaux proposés au verso, le drapeau suisse est le seul drapeau carré. L'origine de sa croix suscite le débat. Les drapeaux de l'Angleterre, de la Géorgie et du Royaume-Uni comportent une croix centrale appelée croix de Saint-Georges. Les drapeaux de l'Écosse et de l'Irlande comportent une croix en forme de X, appelées respectivement croix de Saint-André et croix de Saint-Patrick. Celui du Royaume-Uni combine les croix de l'Angleterre, de l'Écosse et de l'Irlande, marquant leur union. On retrouve une croix excentrée sur les quatre drapeaux du bas. Il s'agit de la croix scandinave que l'on retrouve sur les drapeaux du Danemark, de la Norvège, de la Suède et des Îles Féroé, mais aussi sur ceux de l'Islande, de la Finlande ou du Groenland.

L'image en questions

OBJECTIF Identifier des croix dans des drapeaux.

- **Quelle est la nature de cette image ?**
  Ce sont des images représentant des drapeaux de plusieurs pays différents.
- **Combien de drapeaux voit-on ?**
  Il y a dix drapeaux.
- **Qu'ont-ils tous en commun ?**
  Tous les drapeaux comportent une ou plusieurs croix.
- **Combien de croix comporte chaque drapeau ?**
  La plupart en comportent une. Celui du Royaume-Uni comporte deux croix qui se croisent, l'une en forme de +, l'autre en forme de X. Le drapeau de la Géorgie comporte quant à lui cinq croix : une grande centrale et quatre petites.
- **Comment sont les différentes croix ?**
  Certaines sont en forme de +, d'autres en forme de X. Les quatre du bas de l'image sont excentrées.
- **De combien de couleurs sont ces drapeaux ? Quelles sont les couleurs qui dominent ?**
  Ces drapeaux sont de deux ou trois couleurs. Les couleurs qui dominent sont le bleu, le blanc et le rouge. Ce sont également les couleurs du drapeau français.
- **Quels sont les drapeaux qui se ressemblent ?**
  Les drapeaux de la Géorgie, de l'Angleterre et du Royaume-Uni ont la même croix rouge en forme de + en leur centre. Les drapeaux de l'Écosse et de l'Irlande ont la même croix en forme de X : seules les couleurs varient. Les quatre drapeaux du bas de l'image comportent une croix identique : il s'agit de la croix scandinave. Les deux de gauche comportent une croix scandinave simple. Ceux de droite comportent une croix scandinave double.

L'image en action

OBJECTIF Identifier des croix.

- Effectuer des recherches dans des dictionnaires et des livres documentaires pour trouver un maximum de drapeaux contenant des croix.
- Chaque élève choisit un drapeau et le représente à l'aide de feutres et de crayons de couleur.
- L'adulte note alors le nom du pays sous le drapeau.
  Une collection de drapeaux avec des croix pourra être affichée en classe.

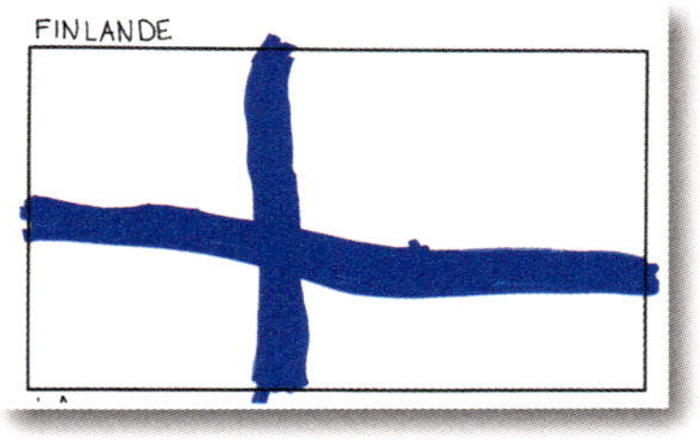

Productions réalisées par des enfants de GS.

Pratiques en lien PÉRIODE 5

La croix et la bannière pages 104-105

Images en réseau

Réseau sur les croix.

Comparer des croix

51 52

Jeu

Les drapeaux à ranger.

Ce jeu consiste à classer les drapeaux en fonction du motif graphique qu'ils contiennent : rond, bande verticale, bande horizontale, croix, étoile.

Violet, bleu, vert, jaune, orange, rouge (1953) Morellet François © ADAGP, Paris 2014
Crédit photo Centre Pompidou, MNAM-CCI, Dist. RMN-Grand Palais / Droits réservés

François Morellet (né en 1926)

51 VIOLET, BLEU, VERT, JAUNE, ORANGE, ROUGE (1953)

Huile sur bois. 80 x 80 cm.
Musée national d'Art moderne
Centre Georges Pompidou, Paris.

François Morellet est un artiste français considéré comme l'un des acteurs majeurs de *l'abstraction géométrique de la seconde moitié du 20e siècle* et un précurseur du *minimalisme*. Dès les années 1950, il adopte un langage géométrique dépouillé composé de formes simples et d'un nombre limité de couleurs. Pour composer ses œuvres, il adopte une démarche mathématique, en définissant à l'avance un système à suivre, à la manière d'une équation mathématique. Dans l'œuvre au verso, François Morellet utilise le motif unique de la croix, et six couleurs : les trois couleurs primaires et les trois couleurs secondaires. Les croix sont placées de manière à s'emboiter les unes aux autres et le choix des couleurs suit un algorithme régulier. Ce tableau suscite une sensation optique particulière, donnant l'impression de changer lorsque l'on se concentre sur une couleur ou un alignement en particulier.

L'image en questions

OBJECTIF Identifier des croix dans une œuvre d'art.

- **Quelle est la nature de cette image ?**
  C'est une reproduction d'une toile de François Morellet. L'artiste a peint sur la toile avec de la peinture à l'huile.
- **Que voit-on sur cette reproduction ?**
  On voit des croix de différentes couleurs.
- **Les croix sont-elles toutes pareilles ?**
  Ces croix ont toutes la même taille et la même forme, mais leur couleur varie.
- **Combien de couleurs l'artiste a-t-il utilisées ?**
  Il en a utilisé six : le jaune, le rouge, le bleu, le vert, l'orange et le violet. Ce sont les trois couleurs primaires (jaune, bleu, rouge) ainsi que les trois couleurs secondaires que l'on obtient en mélangeant deux couleurs primaires à parts égales (vert, violet, orange).
- **L'artiste a-t-il choisi l'ordre des couleurs au hasard ?**
  Non, le choix des couleurs suit un ordre précis. Si l'on observe la ligne formée par l'enchainement des croix allant du coin supérieur gauche de la toile au coin inférieur droit, on voit que les trois couleurs primaires se suivent toujours dans le même ordre. On voit également qu'elles sont entourées par deux lignes formées par des croix peintes avec les trois couleurs secondaires, qui se suivent également toujours dans le même ordre.
- **Si on essayait de poursuivre cette toile, pourrait-on tous obtenir le même résultat ?**
  Oui, il suffirait de dessiner des croix supplémentaires et de les colorer en suivant l'ordre choisi par François Morellet.

L'image en action

OBJECTIF Former des croix avec des bandes de papier.

- Photocopier l'œuvre et découper des bandelettes de papier de couleur.
- Former et coller des croix avec les bandelettes à l'intérieur de quelques croix peintes par l'artiste.

Production réalisée par un enfant de MS.

OBJECTIF Peindre des croix.

- À partir d'une photocopie de l'œuvre, tracer des croix à la peinture à l'intérieur de celles de l'artiste en variant les couleurs.

Production réalisée par un enfant de GS.

Images en réseau

Réseau sur les croix.

Comparer des croix

50 52

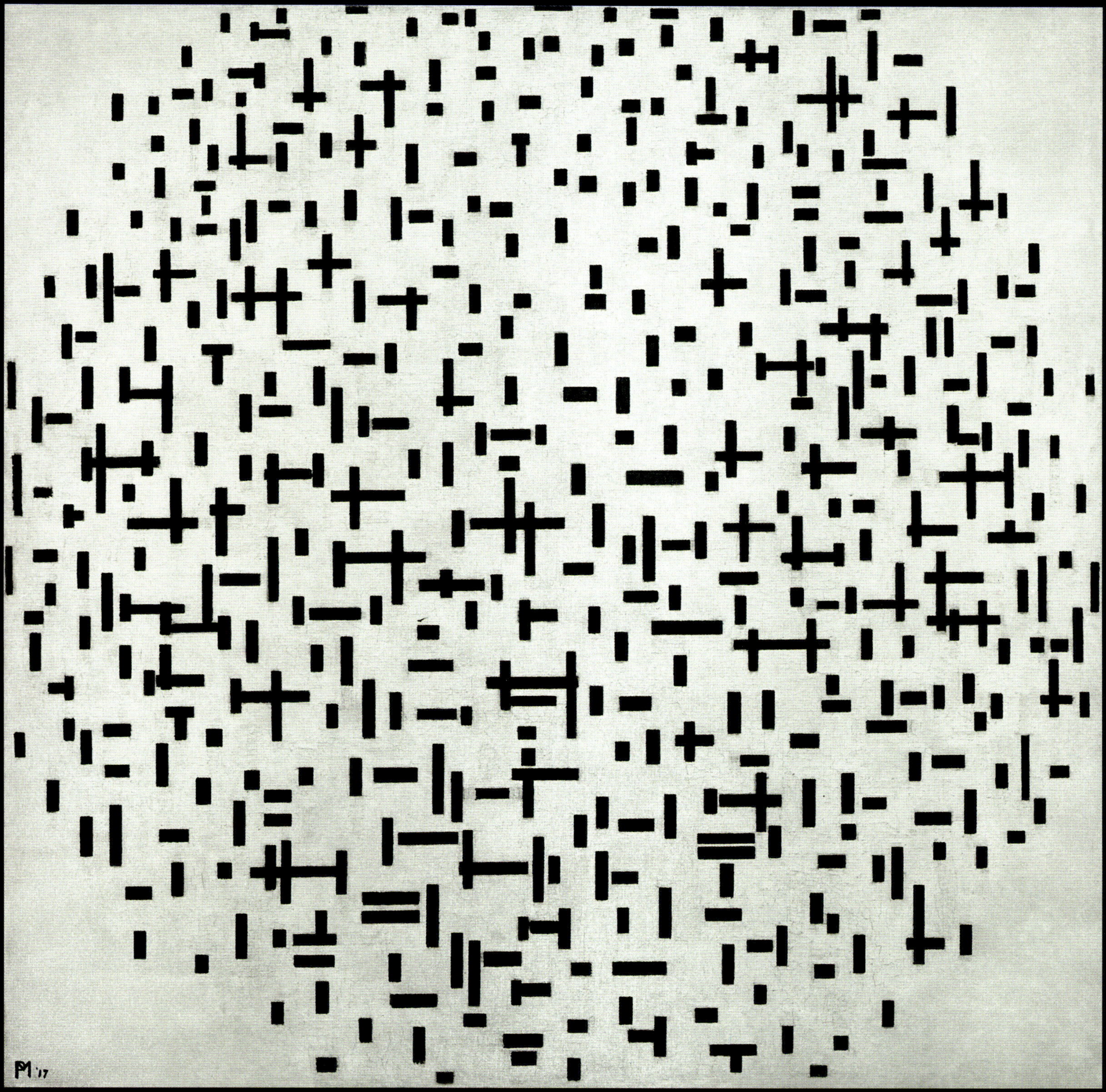

Composition de lignes (1916) Piet Mondrian
Crédit photo akg-images

Piet Mondrian (1872-1944)

52 COMPOSITION DE LIGNES (1916-1917)

Huile sur toile. 108 x 108 cm.
Compositie in Lijn.
Rijksmuseum. Kröller-Müller, Otterlo, Pays-Bas.

Piet Mondrian est un peintre néerlandais, pionnier de l'abstraction et créateur du *néoplasticisme* (style à base de lignes géométriques et de couleurs primaires). En 1917, il fonde avec Theo van Doesburg et Barth van der Leck la revue et le groupe *De Stijl*, dont il est le principal théoricien. L'abstraction élaborée par Piet Mondrian est liée au réel, dont il tire des lignes qui expriment l'essence de la nature. Sur cette toile se trouvent des traits noirs de deux centimètres maximum sur fond blanc. Ces traits sont soit verticaux, soit horizontaux et se croisent parfois pour former des croix. On remarque que les angles de la toile sont vides, de manière à ce que l'ensemble des traits dessinent un rond. Une impression de relief se dégage de la toile, si bien qu'on aurait même l'impression que les traits forment une sphère qui sort de la toile.

L'image en questions

OBJECTIF Identifier des croix dans une œuvre d'art.

- **Quelle est la nature de cette image ?**
  C'est une reproduction d'une toile de Piet Mondrian. L'artiste a peint sur la toile avec de la peinture à l'huile.
- **Que voit-on sur cette toile ?**
  On voit des traits verticaux et horizontaux noirs qui se croisent parfois pour former des croix.
- **De quelle couleur est le fond de cette œuvre ?**
  Le fond de cette œuvre est blanc. Piet Mondrian n'a utilisé que deux couleurs fondamentales dans cette œuvre : le blanc et le noir.
- **Qu'est-ce qui différencie les différents traits utilisés dans cette œuvre ?**
  Les traits sont de différentes tailles : parfois très courts, parfois légèrement plus grands. Leur orientation varie également : soit verticale, soit horizontale.
- **Quelle est la forme obtenue lorsque deux traits se rencontrent ?**
  Lorsque un trait vertical et un trait horizontal se croisent, on obtient une croix.

L'image en action

OBJECTIF Tracer des croix.

- À partir d'une photocopie de l'œuvre de Piet Mondrian et de feutres rouges, jaunes et bleus, compléter le tracé de l'artiste en ajoutant soit des traits horizontaux, soit des traits verticaux afin de n'obtenir que des petites croix.

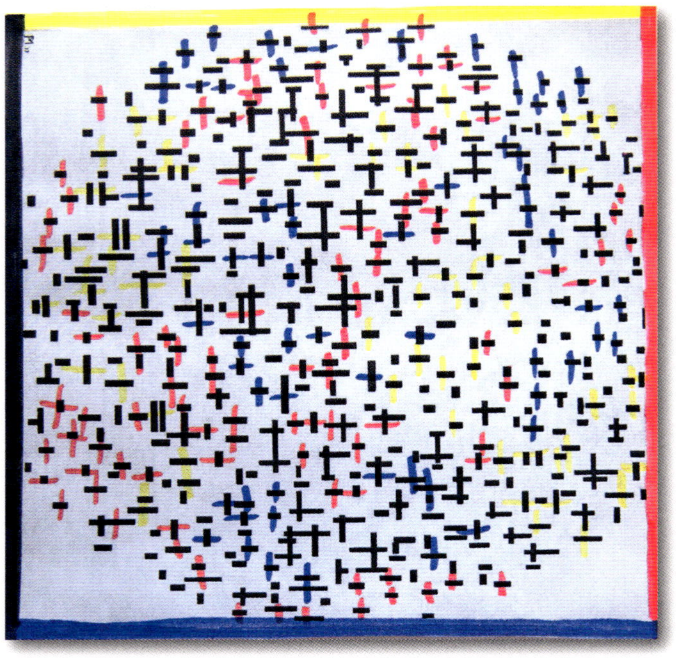

Production réalisée par un enfant de MS.

Images en réseau

Réseau sur les croix.
Comparer des croix
50 51

Réseau sur le groupe De Stijl.
Découvrir le groupe De Stijl et plusieurs de ses œuvres
29 30

Vassily Kandinsky photographié par Boris Lipnitzki (vers 1937) © ADAGP, Paris 2014
Crédit photo Boris Lipnitzki / Roger-Viollet

Vassily Kandinsky (1866-1944)

53 PORTRAIT DE VASSILY KANDINSKY (VERS 1937)

Photographie noir et blanc de Boris Lipnitzki.

Vassily Kandinsky est un peintre russe et théoricien de l'art, ayant obtenu la nationalité française en 1939. L'artiste joue un rôle prépondérant dans la construction et les idées de l'art moderne, en introduisant une conception nouvelle de la peinture, comme art non-figuratif. Avec Piet Mondrian, il est l'un des pionniers de l'art abstrait. Tout au long de sa vie, Vassily Kandinsky s'intéresse aux couleurs et aux formes, qu'il traite de manière indépendante dans ses théories. Il associe les couleurs à des sonorités et s'inspire énormément de la musique moderne de Schönberg, Webern et Berg. Les couleurs sont des acteurs à part entière de ses toiles, ayant chacune une personnalité propre.

L'image en questions

OBJECTIF Découvrir un peintre qui utilise des formes et des motifs abstraits dans son œuvre.

- **Quelle est la nature de cette image ?**
  C'est une photographie en noir et blanc : les seules couleurs présentes sur cette image sont le noir, le blanc et différentes nuances de gris. Elle a été prise par un photographe. C'est une personne dont le métier consiste à prendre des photographies.

- **Que fait l'artiste sur cette photographie ?**
  Il est en train de peindre. Dans sa main gauche, il tient un godet contenant de la peinture. Dans sa main droite, il a son pinceau.

- **Comment Vassily Kandinsky est-il habillé ?**
  Il porte un costume, une cravate et des lunettes, ce qui lui donne un air très sérieux.

- **Quel geste effectue le peintre ?**
  Il peint avec de petits gestes très précis et très minutieux. Vassily Kandinsky est un artiste qui réfléchit à chaque détail de son tableau. Il choisit chaque forme et chaque couleur pour une raison précise et justifiée.

- **Quel est le sujet de son tableau ?**
  Vassily Kandinsky peint des formes et des motifs qui ne représentent pas le réel. Il fait de la peinture abstraite.

L'image en action

OBJECTIF Adopter une posture d'artiste.

- Poser pendant la réalisation d'une production picturale.

Images en réseau

Réseau sur Vassily Kandinsky.
Découvrir Vassily Kandinsky et plusieurs de ses œuvres
18 31 37 54 55

Réseau sur les portraits d'artistes.
Découvrir d'autres portraits d'artistes
4 12 15 25 45 61 62

Composition 8. (1923) Vassily Kandinsky © ADAGP, Paris 2014
Crédit photo Luisa Ricciarini / Leemage

Vassily Kandinsky (1866-1944)

54 COMPOSITION 8 (1923)

Huile sur toile. 140 x 201 cm.
Musée Solomon R. Guggenheim, New York.

L'œuvre au verso a été peinte lorsque **Vassily Kandinski** enseignait à l'école d'art et d'architecture du *Bauhaus* à Weimar en Allemagne. À cette période, l'artiste développe parallèlement sa théorie des couleurs et sa théorie de la forme. Pour cette dernière, il s'appuie sur l'analyse d'éléments singuliers comme le point, la ligne et la surface, ainsi que sur les rapports qui les unissent. Les éléments géométriques prennent de plus en plus d'importance. Les cercles, souvent entourés d'une aura colorée, occupent une place centrale dans les tableaux de cette période. Dans *Composition 8*, œuvre de grande envergure et de grande importance, on trouve un grand panel de formes : des demi-cercles, des quadrillages, des angles, des triangles et des carrés. Avec cette toile, Vassily Kandinsky applique sa logique de correspondance entre les couleurs et les formes, privilégiant certains contrastes : le jaune chaud et le bleu froid, le noir qui exprime le vide et le blanc la clarté, les cercles statiques et les triangles qui expriment le mouvement, la ligne courbe et la ligne droite.

L'image en questions

OBJECTIF Identifier des formes et des motifs dans une œuvre d'art.

- **Quelle est la nature de cette image ?**
  C'est une reproduction d'une toile de Vassily Kandinsky. L'artiste a peint sur la toile avec de la peinture à l'huile.
- **Quelles sont les couleurs utilisées par l'artiste ?**
  Les couleurs utilisées pour le fond sont le jaune et le bleu clair. Pour les formes, l'artiste a utilisé presque toutes les couleurs de la palette.
- **Quelles sont les formes et les motifs présents sur cette toile ?**
  De nombreuses formes et motifs sont reconnaissables : des ronds, dont le contour est généralement cerclé de noir, des triangles, des carrés, des traits, agencés de différentes manières, des demi-cercles, des courbes.
- **Comment sont agencés les traits entre eux ?**
  Certains traits se rejoignent pour former un angle, plus ou moins ouvert. Certains sont agencés de manière à former un quadrillage. D'autres se croisent, de manière plus ou moins aléatoire, tandis que d'autres sont placés côte-à-côte.
- **Qu'observe-t-on autour des ronds ?**
  La plupart des ronds sont bordés d'un cercle noir et entourés d'une aura de couleur, comme s'il s'agissait du rayonnement d'un astre.

L'image en action

OBJECTIF Tracer différents graphismes.

- Lancer un dé graphique contenant sur chacune de ses faces un graphisme étudié en classe.
- Tracer sur une feuille le graphisme obtenu à l'aide d'une craie grasse.
- Changer de couleur et lancer à nouveau le dé. Réitérer cela jusqu'à ce que la feuille soit presque pleine. Les différents graphismes peuvent se toucher et s'enchevêtrer.
- Repasser alors avec de l'encre sur l'ensemble de la production.

Production réalisée par un enfant de GS.

Images en réseau

Réseau sur les combinaisons de motifs.
Identifier des motifs identiques
55 56 P Q R

Réseau sur Vassily Kandinsky.
Découvrir Vassily Kandinsky et plusieurs de ses œuvres
18 31 37 53 55

Study for «Circles in the Circles» (1923) Vassily Kandinsky © ADAGP, Paris 2014
Crédit photo © 2014. Digital Image Museum Associates / LACMA / Art Resource NY / Scala, Florence

Vassily Kandinsky (1866-1944)

55 ÉTUDE POUR CERCLES DANS LES CERCLES

Study for «Circles in the circles».
Aquarelle et encre sur papier. 46,5 x 42,5 cm.
Los Angeles County Museum of Art (LACMA), Los Angeles.

L'œuvre au verso a été peinte lorsque Vassily Kandinsky enseignait à l'école d'art et d'architecture du *Bauhaus* à Weimar en Allemagne. À cette période, l'artiste développe parallèlement sa théorie des couleurs et sa théorie de la forme. Pour cette dernière, il s'appuie sur l'analyse d'éléments singuliers comme le point, la ligne et la surface, ainsi que sur les rapports qui les unissent. Les éléments géométriques prennent de plus en plus d'importance. Le cercle, en tant que forme parfaite, occupe une place centrale dans les tableaux de cette période. On remarque également ici, dans le chevauchement des cercles, la recherche de Kandinsky sur la transparence, ce qui n'est pas anodin puisqu'il suivait un atelier de peinture sur verre à cette époque.

L'image en questions

OBJECTIF Décrire la disposition de formes.

- **Quelle est la nature de cette image ?**
C'est une reproduction d'une œuvre d'art de Vassily Kandinsky. L'artiste a peint avec de l'encre et de l'aquarelle sur du papier. Il n'a pas peint sur une toile car il s'agit d'une étude : c'est un exercice préparatoire réalisé sur un petit format avant de peindre sur une toile.

- **Quelles sont les formes présentes dans cette œuvre ?**
On voit un grand cercle noir, à l'intérieur duquel se trouvent des traits noirs de différentes épaisseurs ainsi que plusieurs ronds de différentes tailles dont les bords sont cerclés de noir.

- **Comment sont disposées les formes entre elles ?**
Les plus grands ronds sont placés vers le centre du cercle et se chevauchent en différents endroits. Certains ronds plus petits sont seuls, éloignés du centre. Un petit rond noir est placé à l'intérieur d'un grand rond jaune, tandis qu'un autre rond noir de la même taille est placé à cheval sur le bord d'un autre rond jaune. Un rond rouge et un rond orange touchent le trait le plus long et le plus épais. Les traits semblent presque tous se diriger vers deux points de fuite différents, situés à l'extérieur du cercle. Deux traits assez courts se croisent pour former une croix.

- **Que se passe-t-il lorsque deux ronds se chevauchent ?**
Lorsque deux ronds se chevauchent, une nouvelle couleur se forme, comme si les ronds étaient légèrement transparents. On obtient alors une couleur moins vive, plus dégradée, qui prend comme dominante la couleur la plus foncée des deux.

L'image en action

OBJECTIFS Tracer des ronds et des traits.
Réagir à un signal sonore.

- Dans un premier temps, tracer des ronds de différentes tailles avec une craie grasse noire.
- Au bout de deux minutes, au signal sonore de la maracas ou du tambourin, tracer des traits de différentes tailles et dans des sens différents. S'arrêter au nouveau signal sonore.
- Compléter de manière libre la production en repassant sur certains graphismes avec de l'encre de différentes couleurs.

Production réalisée par un enfant de MS.

Images en réseau

Réseau sur les combinaisons de motifs.
Identifier des motifs identiques
54 56 P Q R

Réseau sur Vassily Kandinsky.
Découvrir Vassily Kandinsky et plusieurs de ses œuvres
18 31 37 53 54

Portrait d'un équilibriste (1927) Paul Klee
Crédit photo © FineArtImages / Leemage

Paul Klee (1879-1940)

56 PORTRAIT D'UN ÉQUILIBRISTE (1927)

Huile et collage sur carton peint.
63,2 x 40 cm.
Museum of Modern Art (MoMA), New York.

Paul Klee est un peintre allemand ayant enseigné à l'école du *Bauhaus* et ayant appartenu au mouvement *expressionniste*. Il a été avec Kandinsky l'un des membres les plus éminents du groupe *Der Blaue Reiter*. Paul Klee accorde une grande importance aux lignes géométriques et à la couleur. À l'époque où a été peinte l'œuvre au verso, l'artiste enseignait à l'école du *Bauhaus* en même temps que Vassily Kandinsky. Sur l'œuvre au verso, il peint le portrait d'un équilibriste, qu'il réduit à des lignes évocatrices. Il est possible de visualiser le funambule de deux façons : soit sous la forme d'un visage, soit sous la forme d'un corps entier dont les bras s'appuient sur deux rouleaux et dont les jambes sont pliées et reposent sur un cube rouge. L'échelle et la plateforme jaune symbolisent le monde de l'équilibriste.

L'image en questions

OBJECTIF Identifier des motifs graphiques connus dans une œuvre d'art.

- **Quelle est la nature de cette image ?**
  Il s'agit d'une reproduction d'une toile de Paul Klee. L'artiste a peint sur la toile avec de la peinture à l'huile.
- **Que voit-on sur cette reproduction ?**
  On voit un visage constitué d'un nez, de deux yeux et d'une bouche, ainsi qu'une échelle et un croissant de lune.
- **Comment l'artiste a-t-il représenté ce visage ?**
  Pour représenter ce visage, Paul Klee a dessiné uniquement deux ronds pour les yeux, deux lignes pour le nez et un carré pour la bouche.
- **Quelles sont les couleurs utilisées par l'artiste ?**
  Le fond de cette toile est noir. Les traits sont jaunes et blancs, la bouche et le croissant de lune sont rouges.
- **Comment pourrait-on appeler cette œuvre ?**
  Le visage, le visage et l'échelle... L'artiste a nommé cette œuvre *Portrait d'un équilibriste.* On fait un portrait lorsque l'on dessine quelqu'un. Un équilibriste est une personne qui cherche l'équilibre sur différents objets. Il monte souvent sur des échelles. C'est pour cela que Paul Klee a dessiné une échelle en plus du visage.

L'image en action

OBJECTIFS Réaliser un visage à l'aide de motifs graphiques.

- Dans un premier temps, énumérer l'ensemble des graphismes connus par les élèves et les dessiner au tableau.
- Réaliser un fond à l'aide de pastels secs par frottage.
- Représenter un visage en utilisant uniquement des motifs graphiques connus à l'aide d'un coton-tige et de peinture noire et rouge.

Productions réalisées par des enfants de MS.

Images en réseau

Réseau sur les combinaisons de motifs.
Identifier des motifs identiques
54 55 P Q R

Réseau sur les échelles.
Comparer avec d'autres images présentant des échelles
42 43 44 45 46 P Q R S T

XVIII

Les moeurs des feuilles (1926) Max Ernst © ADAGP, Paris 2014

Max Ernst (1891-1976)

57 LES MŒURS DES FEUILLES (1926)

Extrait de l'ouvrage *Histoire naturelle*.
Phototypie après frottage au crayon sur papier Lafuma. 49,8 x 32,3 cm.
Galerie Jeanne Bucher, Paris.

Max Ernst est un peintre et sculpteur allemand rattaché aux mouvements *Dada* et *surréaliste*. Il est l'inventeur de la technique du frottage, qui consiste à frotter la mine d'un crayon à papier sur une feuille posée sur une surface présentant un relief. Par cette technique, on obtient des figures plus ou moins imaginaires, à rapprocher de la technique de l'écriture automatique des écrivains surréalistes. *Les mœurs des feuilles* est un des frottages reproduits dans l'ouvrage *Histoire naturelle* publié en 1926, qui en regroupe trente-quatre. On voit que grâce à la technique du frottage, Max Ernst parvient à reproduire les moindres détails d'une feuille et d'un morceau de bois.

L'image en questions

OBJECTIF Découvrir la technique du frottage.

- **Quelle est la nature de cette image ?**
  C'est une reproduction d'une œuvre de Max Ernst, publiée dans un ouvrage paru en 1926.
- **Qu'y reconnaît-on ?**
  On y reconnaît une feuille entre deux morceaux de tronc d'arbre.
- **Quelles sont les couleurs utilisées par l'artiste ?**
  Max Ernst n'a utilisé qu'une couleur, avec plusieurs nuances : le gris.
- **Avec quel outil l'artiste a-t-il réalisé cette œuvre ?**
  Il l'a réalisée avec un crayon à papier ou une mine de plomb.
- **Comment l'artiste a-t-il réalisé cette œuvre ?**
  Max Ernst a placé la feuille de l'arbre et l'écorce sous une feuille de papier, puis il a frotté avec la mine d'un crayon. Cette technique est appelée le frottage.

L'image en action

OBJECTIF Réaliser un frottage.

- Réaliser des frottages de feuilles et de troncs d'arbres avec un pastel à l'huile utilisé dans le sens de la longueur.
- Ces frottages pourront être utilisés comme fond pour illustrer une comptine ou une chanson d'automne.

Productions réalisées par des enfants de GS.

Images en réseau

Réseau sur la motricité fine.

Découvrir d'autres pratiques artistiques

58 59 60 61

L'escargot (1953) Henri Matisse © Succession H. Matisse
Crédit photo © Tate, Londres, Dist. RMN-Grand Palais / Tate Photography

Henri Matisse (1869-1954)

58 L'ESCARGOT (1953)

Gouache découpée.
286 x 287 cm.
Tate Gallery, Londres.

Henri Matisse est un artiste français, chef de file du *fauvisme*. Son œuvre se caractérise par une recherche de l'équilibre entre la couleur et la forme. *L'escargot* est un découpage réalisé entre l'été 1952 et l'hiver 1953. Il fait partie d'une série de gouaches découpées réalisées à partir du début des années 1940, à la fin de sa vie, lorsque sa santé ne lui permettait plus de peindre. Avec ces œuvres, il invente un style totalement nouveau, dans lequel il cherche à «sculpter les couleurs avec des ciseaux». Pour réaliser ses oeuvres, Henri Matisse demande à des assistants de recouvrir de grandes feuilles de papier avec de la gouache. Il sélectionne ensuite les couleurs qui l'intéressent et les taille avec de grands ciseaux, puis il assemble les éléments découpés à l'aide d'épingles.

L'image en action

OBJECTIF Découper et coller des morceaux de papier pour réaliser une composition.

- À partir de chutes de papier de couleurs vives, de ciseaux et de colle, découper librement des morceaux de papier et les coller sur une feuille carrée de format 21 x 21 cm afin de représenter un animal ou un personnage.
- Pour mettre en valeur la production, la coller sur une feuille A4 colorée.

Productions réalisées par des enfants de MS.

L'image en questions

OBJECTIF Interpréter un collage.

- **Quelle est la nature de cette image ?**
  C'est une reproduction d'une œuvre d'Henri Matisse.
- **Quelle est la taille de cette œuvre ?**
  Cette œuvre est un grand carré mesurant presque trois mètres de côté. Il est bien plus grand qu'un adulte. L'œuvre irait presque jusqu'au plafond dans la plupart des pièces et il serait impossible de la faire passer par une porte de taille normale.
- **Comment l'artiste a-t-il réalisé cette œuvre ?**
  Pour réaliser cette œuvre, l'artiste a découpé puis collé des morceaux de papier.
- **Quelles sont les couleurs utilisées par l'artiste ?**
  L'artiste a utilisé des couleurs plutôt vives : du jaune, du rouge, du bleu, deux sortes de vert, du rose, du orange, du violet, du noir et du blanc.
- **Quelles sont les formes utilisées par l'artiste ?**
  Henri Matisse a utilisé des formes ayant essentiellement des côtés droits, même si certains sont légèrement courbes. On voit bien que ces formes n'ont pas été découpées avec une grande rigueur. On peut néanmoins reconnaître quelques rectangles.
- **Comment sont disposées les formes ?**
  Il y a une forme au milieu et les autres formes semblent tourner autour.
- **Quel animal est représenté ? À quoi le voit-on ?**
  Il s'agit d'un escargot. Les formes sont en effet disposées les unes autour des autres, formant une sorte de spirale, comme la coquille d'un escargot.
- **Comment pourrait s'appeler cette œuvre ?**
  Coquille, coquille multicolore, l'escargot rigolo…
  Le nom donné par Henri Matisse à cette œuvre est *L'escargot*.

Images en réseau

Réseau sur la motricité fine.

Découvrir d'autres pratiques artistiques

57 59 60 61

Rue Saint-Jacques (1992) Jacques Villeglé © ADAGP, Paris 2014
Crédit photo François Poivret / Banque d'Images de l'ADAGP

Jacques Marie Bertrand Mahé de La Villeglé, dit Jacques Villeglé (né en 1926)

59 RUE SAINT-JACQUES (1992)

Collage affiches lacérées marouflées sur toile.
114 x 146 cm.

Jacques Villeglé est un peintre et plasticien français. Il est l'un des fondateurs du *Nouveau réalisme*, dont fait également partie Yves Klein. Il se définit comme un « ravisseur d'affiches » : à partir de 1949, il récupère des affiches lacérées, trouvées au hasard des rues, qu'il colle ensuite sur une toile. Par ce prélèvement d'affiches, il cherche à faire émerger la réalité urbaine d'une époque donnée.

L'image en questions

OBJECTIF Découvrir une œuvre constituée de papiers déchirés.

- **Quelle est la nature de cette image ?**
  C'est une reproduction d'une œuvre réalisée par le plasticien Jacques Villeglé. Un plasticien est un artiste qui crée des œuvres d'art avec des matériaux autres que la peinture.
- **Que voit-on sur cette œuvre ?**
  On voit des papiers déchirés collés les uns sur les autres. On y voit des morceaux de texte, des bouts de dessins et des fragments de photographies.
- **De quel type de papier s'agit-il ?**
  Il s'agit d'affiches : ce sont des papiers collés sur les murs pour faire de la publicité pour un produit, un spectacle ou des idées.
- **Comment l'artiste a-t-il fait pour réaliser cette œuvre ?**
  On peut imaginer qu'il a déchiré des morceaux de papier et les a collés. En réalité, il a récupéré des affiches lacérées, trouvées au hasard des rues et les a collées ensuite sur une toile.
- **Arrive-t-on à comprendre le sujet de ces affiches ?**
  Non, car on n'en voit que des bribes. Les morceaux sont déchirés, superposés les uns sur les autres, ne permettant pas de distinguer clairement de quoi il s'agit sur chaque affiche.
- **Quels sont les morceaux d'affiche où l'on peut lire ou reconnaître quelque chose ?**
  Il est possible de reconnaître des bouts de phrases : *La grande nuit de…, Noël ! Avec les…, Samedi 7 ecemb.*
  On peut aussi identifier le front d'un père Noël avec un bonnet et un personnage de dessin animé. Ces indices peuvent laisser penser que ces affiches lacérées ont été collectées quelques temps après Noël.
- **Quels sont les morceaux qui appartiennent à la même affiche ? Comment le sait-on ?**
  En regardant la couleur des fonds des morceaux d'affiche, on peut retrouver les bouts qui appartiennent à la même : trois bouts ont un fond bleu foncé, plusieurs ont un fond noir, d'autres ont un fond jaune clair ou blanc.

L'image en action

OBJECTIF Déchirer des bandes de papier.

- Après avoir observé l'œuvre et s'être questionné sur la technique utilisée, déchirer des bandes de papier dans des prospectus ou des journaux.
- Coller sur une feuille blanche ces bandes de papier afin de réaliser une œuvre *qui déchire*.

Productions réalisées par des enfants de MS.

Images en réseau

Réseau sur la motricité fine.

Découvrir d'autres pratiques artistiques

57 58 60 61

Peint en chantant (1960) Jean Arp © ADAGP, Paris 2014
Crédit photo Centre Pompidou, MNAM-CCI, Dist. RMN-Grand Palais / Droits réservés

Hans Arp, dit Jean Arp (1886-1966)

60 PEINT EN CHANTANT (1960)

Huile sur papier d'emballage froissé contre-plaqué peint en blanc. 54,5 x 40 cm.
Musée national d'Art moderne
Centre Georges Pompidou, Paris.

Jean Arp est un peintre, sculpteur et poète alsacien, de père allemand et de mère française. Il est cofondateur du *dadaïsme* et représentant du *surréalisme* et du mouvement *Abstraction-Création*. Dans les années 1920, il invente son répertoire de formes bimorphiques, qu'il utilise dans ses œuvres. Son travail est axé sur le hasard et sur la spontanéité. Jean Arp est capable de jeter, brûler, déchirer ou découper les œuvres dont il n'est pas satisfait. La destruction est partie intégrante de son œuvre. De ses premières années de création il ne reste presque rien. Jean Arp froisse, reprend, triture sans cesse. L'œuvre au verso a été réalisée sur du papier froissé, technique qu'il utilise à plusieurs reprises.

L'image en action

OBJECTIFS Froisser puis défroisser une feuille.
Peindre sur une surface non lisse.

- Froisser une feuille de couleur, puis la défroisser et la coller sur une feuille blanche.
- Lorsque la colle est sèche, dessiner sa maman avec de l'encre sur cette surface rugueuse. Cette activité peut permettre de réaliser une carte pour la fête des mères.

Production réalisée par un enfant de MS.

L'image en questions

OBJECTIF Découvrir une œuvre réalisée sur papier froissé.

- **Quelle est la nature de cette image ?**
  C'est une reproduction d'une œuvre de Jean Arp.
- **Quelles sont les couleurs utilisées par l'artiste ?**
  Jean Arp a utilisé uniquement du bleu, de deux nuances différentes. Le fond est bleu ciel et le dessin est bleu foncé.
- **Quel est l'animal représenté sur cette œuvre ?**
  On dirait qu'il s'agit d'un oiseau, dont on peut identifier une aile, la queue et les deux yeux.
- **Comment l'artiste a-t-il réalisé cette œuvre ?**
  L'artiste a peint sur un papier froissé avec de la peinture à l'huile.
- **Comment pourrait-on appeler cette œuvre ?**
  L'oiseau, l'oiseau dans le ciel, l'envol... En réalité, Jean Arp a nommé son œuvre *Peint en chantant*.

Images en réseau

Réseau sur la motricité fine.
Découvrir d'autres pratiques artistiques
57 58 59 61

Jackson Pollock and Lee Krasner (1950) Photographie de Hans Namuth © 1991 Hans Namuth Estate
Crédit photo Courtesy Center for Creative Photography, University of Arizona

Jackson Pollock (1912-1956)

61 PORTRAIT DE JACKSON POLLOCK (1950)

Jackson Pollock and Lee Krasner.
Photographie noir et blanc de Hans Namuth (1915-1990).
Albright-Knox Art Gallery, Buffalo.

Jackson Pollock est un peintre américain, premier représentant de *l'expressionnisme abstrait*, rendu célèbre de son vivant grâce aux photographies et aux films de **Hans Namuth**, qui l'immortalise en pleine action. L'artiste est connu pour ses œuvres de grande dimension réalisées avec la technique du *dripping*. Cette technique qu'il développe à partir de 1947 consiste à projeter de manière contrôlée de la couleur sur une toile posée à même le sol grâce à un bâton trempé dans la peinture. En 1948, Jackson Pollock décide de ne plus donner de titres à ses toiles mais de les désigner par des numéros. Grâce à la forte médiatisation engendrée par les films de Hans Namuth, il est à l'apogée de son succès en 1950. Sur internet, il est possible de trouver différentes vidéos de l'artiste en pleine action.

L'image en questions

OBJECTIF Découvrir un artiste qui utilise la technique du *dripping* dans ses œuvres.

- **Quelle est la nature de cette image ?**
  C'est une photographie en noir et blanc : les seules couleurs présentes sur cette image sont le noir, le blanc et différentes nuances de gris. Elle a été prise par un photographe. C'est une personne dont le métier consiste à prendre des photographies avec un appareil photo.
- **Que voit-on sur cette photographie ?**
  On voit un artiste en train de peindre sur une toile placée au sol. Ce peintre s'appelle Jackson Pollock. C'est un peintre américain. Derrière lui se trouvent des pots de peinture. Une femme assise sur un tabouret l'observe. Il s'agit de sa femme, Lee Krasner.
- **Où cette photographie a-t-elle été prise ?**
  Cette photographie a été prise dans l'atelier de Jackson Pollock. C'est le lieu où il travaille.
- **Comment Jackson Pollock réalise-t-il ses peintures ?**
  Jackson Pollock peint sur une toile placée sur le sol, à l'horizontale. Pour peindre, l'artiste est penché en avant, le bras tendu vers le centre de la toile. Il engage l'ensemble de son corps. Jackson Pollock ne peint pas avec un pinceau mais avec un bâton trempé dans de la peinture. Il projette de la peinture à l'aide de ce bâton sans jamais toucher la toile. On appelle cette technique le *dripping*.

L'image en action

OBJECTIFS Peindre en utilisant la technique du *dripping*.

- Peindre librement en utilisant la technique du *dripping*.
- Une feuille de très grand format est posée sur le sol. Mouiller un pinceau sans l'essuyer dans de la peinture très liquide, puis réaliser des mouvements au-dessus de la feuille sans la toucher.
- Pour éviter les projections dans la classe, cette activité peut être réalisée en extérieur.

Production réalisée par des enfants de GS.

Images en réseau

Réseau sur les portraits d'artistes.
Découvrir d'autres portraits d'artistes
4 12 15 25 45 53 62

Réseau sur la motricité fine.
Découvrir d'autres pratiques artistiques
57 58 59 60

Yves Klein sur le tournage d'un film sur ses «Anthropométries» (vers 1961-1962) photographié par Charles Wilp
Crédit photo BPK, Berlin, Dist. RMN-Grand Palais / Charles Wilp

Yves Klein (1928-1962)

62 PORTRAIT D'YVES KLEIN (1961-1962)

Yves Klein sur le tournage d'un film sur ses anthropométries.
Photographie noir et blanc de Wilp Charles.

Yves Klein est un plasticien français, rattaché aux mouvements de *l'avant-garde picturale de l'après-guerre* et du *Nouveau réalisme*. Sa carrière artistique a été courte, puisqu'elle commence en 1954 et s'achève à sa mort en 1962. Le travail d'Yves Klein est marqué par son rapport au corps. Ses œuvres s'élaborent dans l'action. Dans ses *anthropométries*, il utilise les corps de femmes nues pour réaliser des empreintes, ces corps agissant comme « des pinceaux vivants » sur la toile. Plus que le résultat, c'est l'action de l'artiste et l'idée créatrice qui importent. C'est pourquoi Yves Klein réalise régulièrement ses œuvres lors de séances publiques ou devant une caméra. La photographie au verso a été prise lors d'une de ces séances, où il réalise notamment des empreintes de main avec le bleu qui porte son nom.

L'image en questions

OBJECTIF Découvrir un artiste qui réalise des empreintes dans son œuvre.

- **Quelle est la nature de cette image ?**
  Il s'agit d'une photographie en noir et blanc : les seules couleurs présentes sur cette image sont le noir, le blanc et différentes nuances de gris. Elle a été prise par un photographe. C'est une personne dont le métier consiste à prendre des photographies avec un appareil photo.
- **Que voit-on sur cette photographie ?**
  On voit un homme qui tend la main vers l'objectif.
- **Quelle est la posture de l'artiste ? Comment se tient-il ?**
  Il se tient debout et regarde fixement l'appareil photo. Il est en train de poser.
- **Qu'a-t-il sur la main ? Pourquoi ?**
  Il a de la peinture sur la main. On peut imaginer qu'il a réalisé des empreintes de sa main sur une toile avec cette peinture.

L'image en action

OBJECTIF Adopter une posture d'artiste.

- Après avoir réalisé des empreintes de mains, poser pour une photographie en imitant l'attitude de l'artiste.

Images en réseau

Réseau sur Yves Klein.
Découvrir Yves Klein et plusieurs de ses œuvres
2 11 35

Réseau sur les portraits d'artistes.
Découvrir d'autres portraits d'artistes
4 12 15 25 45 53 61

Réseau sur les mains.
Comparer avec d'autres empreintes de mains
1 2 A B C D E